ÉTUDES

PHYSIOLOGIQUES ET PSYCHOLOGIQUES

SUR LA LOI NATURELLE

DE LA

PROPAGATION DE L'ESPÈCE

PAR

FRANÇOIS VALLÈS

PRÉSIDENT HONORAIRE
DE LA SOCIÉTÉ D'ÉTUDES PSYCHOLOGIQUES DE PARIS

———

PRIX : **1 fr. 50**

PARIS

A la Librairie, rue Neuve-des-Petits-Champs, 5, au premier

—

AOUT 1880

ÉTUDES

PHYSIOLOGIQUES ET PSYCHOLOGIQUES

SUR LA LOI NATURELLE

DE LA

PROPAGATION DE L'ESPÈCE

RÉSERVE DE TOUS DROITS

ÉTUDES

PHYSIOLOGIQUES ET PSYCHOLOGIQUES

SUR LA LOI NATURELLE

DE LA

PROPAGATION DE L'ESPÈCE

PAR

FRANÇOIS VALLÈS

PRÉSIDENT HONORAIRE

DE LA SOCIÉTÉ D'ÉTUDES PSYCHOLOGIQUES DE PARIS

PRIX : **1** fr. **50**

PARIS

A la Librairie, rue Neuve-des-Petits-Champs, 5, au premier

—

AOUT 1880

MONTPELLIER, IMPRIMERIE CENTRALE DU MIDI
Hamelin Frères

AVANT-PROPOS

L'objet de ce livre est de présenter l'exposé de nos recherches sur les rapports qui, au point de vue de la propagation de l'espèce, doivent nécessairement exister, pour chaque sexe, entre sa constitution organique et ses sentiments passionnels.

Il est des sujets qui ne doivent pas entrer dans le monde par toutes les portes, et auxquels il faut réserver un mode spécial de publicité.

Cela tient à ce qu'il y a certaines choses dont la connaissance serait tout au moins un hors-d'œuvre, peut-être même un danger, si elle était acquise trop prématurément, et avant un âge que l'homme ne détermine pas à son gré, mais que la nature même s'est chargée d'indiquer.

Les matières traitées dans ce livre sont de ce nombre. Si la créature restait toujours à l'état d'enfance, s'il n'existait pas pour elle une époque que

1

nous appelons celle de la puberté, non-seulement
elle ne participerait en rien aux sentiments et aux
actes qui sont la conséquence des nouvelles facultés
que reçoit alors l'organisme, mais il lui serait, en
outre, impossible d'avoir la conception de choses
qu'il ne serait pas dans sa nature de pratiquer et de
sentir.

Dieu n'exige pas que l'intelligence de l'homme
s'applique à élaborer ce dont il lui est momentanément interdit d'avoir conscience, et, à plus forte raison, ce qui ne devrait jamais se produire. Imitons sa
prévoyance ; et puisque, tant que dure l'état d'enfance
proprement dit, il n'existe dans notre être aucune
des idées qui se rattachent aux grands principes de
l'union des sexes, respectons ce que Dieu a voulu,
et gardons-nous de ce qui pourrait tendre à faire ar-
tificiellement disparaître une ignorance qu'il a jugée
utile, et qui ne doit cesser que lorsque le voile naturel qui la détermine aura été soulevé. C'est à la
sollicitude des parents, on l'a compris, à cette sollicitude qu'on ne saurait trop tenir en éveil, que ces
avis et ces recommandations s'adressent.

Ne nous bornons même pas à ces premières mesures de prudence et sachons imiter la nature jusqu'au bout. Si l'état de puberté se produisait et se
complétait subitement, s'il s'introduisait tout d'un
coup dans l'organisme, à la manière d'un éclair qui,
dans un temps inappréciable, projette ses clartés dans

toutes les directions, s'il en était ainsi, à l'instanta-
néité de la cause correspondrait naturellement celle
des effets produits. Mais on sait que telle n'est pas
la marche que les choses suivent dans la nature.
Aucun de nous n'ignore que le développement de la
faculté corporelle qui caractérise la puberté, et il en
est de même de toutes les autres transformations organiques, ne se fait que par degrés successifs, car le
temps est une composante qui figure infailliblement
dans toutes les œuvres de la création. Il résulte de là
que, dans le système passionnel qui progresse aussi
avec l'âge, les nouveaux symptômes qui vont se produire, comme conséquence de ceux qui se manifestent dans le corps, ne se développeront à leur tour que
peu à peu, de manière à ce qu'il y ait toujours par-
faite concordance entre l'intensité des uns et celle
des autres.

Ce n'est donc pas dès l'apparition des premiers signes
de la puberté que l'homme sera apte à prendre pleine
possession, soit physiquement, soit passionnellement,
de facultés qui ne sont à ce moment que promises et
entrevues, et qui ne sont pas encore complétement
octroyées. On sait à cet égard combien les actes anti-
cipés sont pour l'homme une cause de dégénérescence
intellectuelle et physique ; ce n'est jamais impunément
qu'on peut se permettre de contrevenir aux lois de
la création. D'ailleurs ces lois, dans ce qu'elles ont
d'essentiel, se révèlent toujours par des symptômes

naturels dont l'adolescent, j'en conviens, peut ne pas comprendre toute la signification, mais dont il n'est pas permis aux parents, qui en ont l'expérience, de négliger les avis indicateurs.

De ces considérations il résulte que ce n'est qu'avec prudence, à un certain âge, lorsque toutes les phases de la puberté sont accomplies, lorsque cette puberté, en un mot, est devenue parfaitement consciente d'elle-même, que l'homme peut aborder l'entière série d'études qui se rapportent à l'union des sexes. Or ce but important ne serait pas atteint, et la préservation recherchée ne serait pas obtenue, si c'était par la voie du *Journal* ou par celle de la *Revue*, soit hebdomadaire, soit mensuelle, que ces études se produisissent. Dans la famille, et souvent à tort, la Revue et le Journal restent d'ordinaire en permanence sur la table du salon à la disposition de tous; et ce ne serait, il faut le reconnaître, qu'avec la plus minutieuse attention, avec la plus incessante surveillance, qu'on pourrait satisfaire à la double condition, d'une part, de permettre de lire à celui qui en a plein pouvoir; d'autre part, d'empêcher la lecture pour ceux auxquels elle doit rester interdite. Quelque soin qu'on y mît, on aurait des moments d'oubli, et, en cette matière, l'oubli peut avoir de fâcheuses conséquences.

Le seul mode de publicité qui me paraisse acceptable dans cette circonstance est donc celui du livre, et j'ajouterai volontiers du livre à petit format, moins prétentieux que l'in-octavo, attirant moins l'attention, qu'on peut facilement retirer de sa poche quand on veut lire, que non moins facilement on y réintègre quand on veut s'arrêter. Tels sont les motifs qui ont servi de base à ma détermination. Ce sont là de bien petits détails, dira-t-on, et cela est vrai pour les esprits qui ne voudraient voir en ceci que de simples indications typographiques. Mais si, en eux-mêmes, et dans leur expression finale, ces détails peuvent paraître minutieux, il n'en est pas ainsi des considérations qui en ont précédé l'exposé et qui les commandent.

Ces considérations, en effet, ont, ce me semble, leur côté utilitaire. Outre qu'elles sont en concordance avec la marche même de la nature, elles sont très propres à prévenir des abus chez ceux qui, pour résister, ne sont pas encore pourvus des armes de l'expérience ; elles tendent à protéger l'individu dans son corps et dans ses passions, et par suite la société tout entière dans le maintien de son état constitutif ; c'est à ces divers titres que je les ai recueillies et que je les présente.

Je dirai peu de chose sur le fond même du sujet, car c'est surtout par l'étude des détails que les vérités que je cherche à établir pourront pénétrer, sinon dans les convictions, du moins dans l'esprit de ceux auxquels elles s'adressent.

Quant à l'importance du principe en lui-même de

l'union des sexes, elle est incontestable et dominante ; puisque, si cette union venait à être interrompue, l'homme disparaîtrait, l'exploitation de la surface terrestre cesserait de se faire, le progrès n'existerait plus. Que resterait-il donc ? Un globe à l'état de décrépitude. Pense-t-on que tel ait pu être le but que s'est proposé d'atteindre la pensée du Créateur ? que tel puisse être le résultat de tant de millions d'années consacrées à l'amélioration incessante de cette terre, jusqu'à ce qu'elle ait été enfin apte à devenir le séjour de l'homme ?

Mais, pourra-t-on dire, est-il bien nécessaire de s'occuper de pareilles études ? Si la réponse à cette question devait être négative, il faudrait se hâter de faire passer dans la nomenclature des insanités la plus belle maxime inscrite dans l'esprit des temps anciens, et sans cesse rééditée par celui des temps modernes : *Connais-toi toi-même*. A moins de s'inscrire en faux contre le sentiment universel qui a porté les hommes à proclamer la nécessité d'un précepte que nous considérons comme le premier article du code de la sagesse, il ne saurait être permis de fermer les yeux sur la recherche de ses applications. Disons donc qu'il n'est pas possible de contester l'utilité d'études destinées à nous apprendre quel instrument de Dieu nous sommes dans la perpétration, à participation double, de l'acte le plus important de la vie humaine ; quel rôle nous jouons dans cet acte par lequel nous participons en quelque sorte à la faculté créatrice ; quels sont les devoirs auxquels, dans son accomplissement, s'engagent réciproquement les deux membres du couple, soit l'un vis-à-vis de l'autre, soit en vers les enfants, soit envers la société à laquelle ils vont donner un nouveau membre. Car des devoirs, il y en a partout pour l'homme ; et, sachons-le bien, nous sommes tenus de les connaître et de leur obéir, sans quoi tout ordre social disparaît.

L'utilité de ces études est donc incontestable ; et, non-seulement elles nous font connaître la nature et l'étendue de nos obligations actuelles, mais elles peuvent puissamment nous aider à comprendre et à préparer les améliorations que l'avenir nous réserve.

Au reste, et à un point de vue d'ailleurs très-général, spécifions en quelques mots la nature particulière de la moralité que ces recherches mettent à jour.

L'homme a reçu en partage le privilége des facultés *actives*, qui lui donnent la force physique, le besoin du mouvement, l'esprit d'entreprise, l'énergie dans l'action, l'aspiration au commandement, l'ambition.

A la femme ont été dévolues les vertus *passives*, correspondant chez elle à son état de faiblesse organique relative, et représentées par la patience, la résignation, le dévouement, la persistance, l'obstination.

Vertus opposées, mais essentiellement utiles toutes

deux ; dont on ne peut pas dire que les unes sont supérieures aux autres, tant elles sont impérieusement
nécessaires dans toutes les œuvres de ce monde ; car,
si les premières créent, les secondes conservent.

Or voyez comme, dans l'accomplissement de la loi
de la propagation de l'espèce, chaque membre du
couple agit suivant sa nature.

Car, dans l'acte de la procréation, c'est chez l'homme
qu'on voit se produire toute l'activité passionnelle et
physique, tandis que chez la femme tout est passif,
ou peut du moins rester tel sans qu'il y ait infirma-
tion ; peut-être même pourrait-on dire, afin qu'il y
ait plus complète réalisation dans le résultat.

D'un autre côté, après la naissance, si l'activité de
l'homme continue d'être indispensable pour pourvoir
aux besoins de la famille, combien sont plus indispensables encore les vertus passives de la femme pour
couvrir la faiblesse de l'enfant, pour sa conservation
physique, pour son éducation première.

Admirable organisation qui, avec un art inouï dans
la fusion des contraires, a su produire les plus subli-
mes harmonies.

Et, parce que l'homme, en vertu de son activité,
est naturellement chargé de pourvoir aux besoins de
la famille, quelle grave responsabilité n'assumerait
pas la femme envers l'époux et envers les enfants, si
elle augmentait les fatigues du premier, si elle dimi-
nuait le bien-être de tous par d'illégitimes enfante-

ments? Que l'homme, à son tour, sache comprendre à quel point il se rendrait coupable en cherchant à introduire frauduleusement dans la famille étrangère des charges qu'il trouverait si injuste de voir peser sur la sienne.

Tels sont, pour rester dans les termes les plus généraux, les grands enseignements que viennent nous apporter les présentes études, et nous croyons en avoir assez dit pour signaler la haute importance des détails propres à les justifier.

Faisons suivre ces idées d'ensemble par une observation qui ne devrait jamais cesser d'être présente à la pensée du lecteur.

Nous l'avons dit et nous ne cesserons de le répéter, lorsqu'on s'occupe de considérations psychologiques, il est difficile de s'isoler complétement dans la concentration d'un seul objet. Dans les questions qui se rapportent à la nature de l'homme, tout s'enchaîne tellement qu'on se trouve en présence d'une sorte de parasitisme qui, dans son développement, s'attache de tous les côtés au sujet principal et semble vouloir le faire disparaître tout entier sous l'enveloppe de ses couches multipliées. Ce n'est qu'au prix des plus grands efforts qu'on peut parvenir à maintenir la suprématie de ce dernier. Quoi qu'on fasse, il est impossible de ne pas attribuer une part, quelquefois assez large, aux accessoires ; car leurs juxtapositions avec l'objet dominant sont si nombreuses, leurs ajustements sont si intimes, qu'on ne peut se dérober à l'obligation d'en tenir compte. L'esprit navigue entre deux écueils également scabreux : celui d'être trop concis, celui d'être trop diffus. Ce n'est qu'avec les plus grandes précautions qu'on parvient à se maintenir sur la ligne qui les sépare, ou, pour mieux dire, sur celle dans le parcours de laquelle ils sont le moins enchevêtrés.

Ces embarras, nous les avons éprouvés à tout instant; et même, dans une circonstance particulière, pour ne pas interrompre la succession régulière des idées, nous avons dû remettre à une autre époque la publication de questions accessoires, il est vrai, mais dont l'importance et la parenté avec le sujet traité ne sont pas contestables : nous voulons parler de certains faits très-dignes d'attention qui, dans le courant de ce siècle, sont venus infirmer dans sa précédente normalité le mouvement de la population en France. Nous ne manquerons pas, d'ailleurs, de profiter de cette détermination pour donner à l'étude de ces questions un développement que nous n'aurions pu leur attribuer dans le corps de l'ouvrage.

Le lecteur, nous l'espérons, tenant compte de ces difficultés, ne jugera pas avec trop de rigueur l'ordre que nous avons cru devoir suivre dans l'exposition didactique de nos idées sur cette importante question des lois de la propagation de l'espèce.

ÉTUDES

PHYSIOLOGIQUES ET PSYCHOLOGIQUES

SUR LA LOI NATURELLE

DE LA

PROPAGATION DE L'ESPÈCE

I

Chaque science a pour objet l'étude des rapports existants entre toutes les choses qui ressortissent à cette science. — Spécialités propres aux sciences mathématiques, physico-chimiques et naturelles.

Le champ de nos connaissances n'est pas une agglomération confuse, désordonnée, non classée, des richesses intellectuelles acquises, dans le cours des âges, par la réflexion et par l'étude. S'il en était ainsi, aucune âme ne serait assez bien douée pour le parcourir avec fruit et pour diriger avec certitude, dans un tel dédale, les investigations qu'elle y voudrait faire. Dans cette hypothèse, s'instruire serait une œuvre de plus en plus difficile, à peu près impossible.

L'homme n'a pas tardé à comprendre qu'eu égard aux limites imposées à ses facultés, eu égard à la brièveté de son existence, il ne lui est pas permis de tout entreprendre ; il a compris aussi que la généralité des êtres n'est pas également apte à s'assimiler toutes choses ; qu'il existe dans chaque individu des tendances en vertu desquelles, parmi les œuvres créées, les unes s'imposent à lui avec plus d'autorité que les autres. De ces diverses considérations est née pour l'homme la nécessité de renoncer à tout acquérir, et d'établir dans ses études des divisions en rapport avec les aptitudes et les besoins plus particulièrement propres à chaque individualité. De là encore est résulté le classement de nos connaissances en une suite de catégories caractérisées chacune par une certaine similitude, soit dans la nature des objets qui les composent, soit dans les points de vue intellectuels sous lesquels on peut vouloir les étudier. Ces catégories constituent ce qu'on appelle les sciences, et chacune d'elles, envisagée isolément, possède ses spéculations propres et distinctes.

S'il y a quelque chose qui soit commun à toutes les sciences et qui les rapproche, c'est l'uniformité générale du but que l'homme veut atteindre en s'en occupant. Chacune, en effet, dans sa circonscription, a pour objet l'étude des rapports que les choses de son domaine peuvent avoir entre elles. Les procédés employés dans ces recherches seront quelquefois différents et correspondront ainsi à des spécialités ; mais la connaissance de ces rapports, de quelque manière qu'on l'acquière, tel est l'objet général, essentiel de la science, et il est commun à toutes.

Nous ne saurions entrer ici dans les considérations de détail qui se présentent à la suite des généralités que nous venons d'exposer ; mais il ne sera pas inutile, pour une plus complète intelligence de ce que nous avons à dire, de donner, en ce qui concerne les principales branches de nos connaissances, quelques brèves explications sur la nature des enseignements dont chacune d'elles est appelée à nous fournir le contingent.

Dans les sciences mathématiques, nous avons en vue d'évaluer le plus ou le moins, de déterminer les rapports d'ordre, de mesure, de quantité, que les choses peuvent avoir entre elles ; toutefois, pour que celles-ci soient tributaires de ces sciences, il est nécessaire qu'elles satisfassent à certaines conditions ; car de tels rapports ne peuvent exister que lorsque les objets qu'il s'agit de classer, de mesurer, de compter, sont susceptibles d'être représentés, soit directement par le nombre, soit indirectement et par voie de complexité à l'aide de formules numériques, c'est-à-dire par des nombres associés à des opérations de calcul précises et bien définies. Toute manifestation, de quelque ordre qu'elle soit, qu'elle appartienne au monde physique ou qu'elle soit une dépendance des conceptions de l'esprit, lorsque nous pourrons, par l'étude de ses propriétés, la ramener à l'un de ces modes de représentation, rentre de droit dans le domaine des sciences mathématiques ; jusque-là, la porte reste close pour elle. Mais, remarquons-le bien, l'interdiction n'est pas absolue, le progrès peut la lever ; nous savons même à quelle condition elle le sera.

Le physicien et le chimiste s'occupent surtout des forces naturelles et de la matière ; ils en étudient les propriétés et cherchent à se rendre compte des résultats qu'ils obtiennent par l'action des unes sur les autres, à constater les rapports qui relient ces résultats avec les composantes qui les ont produits ; soit qu'il n'y ait dans ces composantes, du moins en apparence, que des forces, soit qu'il n'y ait que des matières, soit enfin qu'on y trouve à la fois des unes et des autres ; nous savons que plusieurs de ces rapports sont susceptibles d'être représentés par des formules numériques, et leur liste augmente tous les jours.

Les savants qui s'occupent des êtres vivants, soit végétaux, soit animaux, étudient d'abord les parties séparées d'un individu, puis les placements et les propriétés respectifs de celles de ces parties dont

l'ensemble constitue ce que nous appelons un organe ;
puis encore les rapports des organes les uns avec les
autres ; enfin, ce qui n'est pas l'œuvre la plus facile,
les fonctions séparées de ces organes, leurs relations
réciproques et la destination finale que la réunion de
ces fonctions assigne à l'individu étudié. Je ne sache
pas, à l'exception de quelques tentatives sur la cir-
culation du sang, de quelques calculs sur la statistique
et la dynamique du corps humain, que les sciences
mathématiques aient encore beaucoup pénétré dans
cette étude de la vie. Cependant il n'y a rien de té-
méraire à croire, en ce qui concerne la considération
des formes, que la géométrie, tout au moins, qui est la
science des formes, pourra y intervenir par quelques
utiles observations. Quant à la physique et à la chimie, elles jouent, on le sait, un rôle très-prépondérant dans la science de la vie.

II

**Essence très-supérieure des rapports qui lient les
sciences les unes aux autres. — Rappel sommaire d'études antérieures sur les relations constatées entre les perceptions, les tendances, les
aptitudes, la pensée, d'une part, et l'organisme
humain, d'autre part.**

Mais au-dessus de ces séries de rapports qui se rattachent respectivement à chaque science, il en appa-
raît d'autres d'une nature, sinon plus importante, à
coup sûr plus élevée, lorsqu'on compare les sciences
entre elles.

Déjà, dans la succincte nomenclature de l'article
précédent, nous avons constaté que beaucoup de lois
physiques sont susceptibles d'être exprimées par des
formules numériques ; dès lors l'étude de leur développement peut être faite en dehors de la méthode

expérimentale plus restreinte, qui, en outre, on le sait, n'est pas exempte d'assez nombreuses causes d'erreur, et s'établir avec toute la certitude, toute la généralité de la méthode mathématique.

D'un autre côté, nous avons dit que la physique et la chimie jouent un rôle très-prépondérant dans la science de la vie. Or personne n'ignore combien les expérimentations physico-chimiques qui se pratiquent sur la matière inerte sont plus simples et plus concluantes que celles que la physiologie entreprend sur la matière vivante. Cette dernière science profitera donc à son tour des secours que les deux autres lui verseront.

Enfin la science psychologique, si hérissée de difficultés, pourra de son côté se servir utilement des enseignements dont la physique, la chimie et la physiologie, lui feront le triple apport.

Toutes les sciences se prêtent donc un mutuel secours, et il n'y a pas à coup sûr d'étude plus supérieurement instructive que celle des rapports qui existent entre elles. Ceci ne nous permet-il pas d'espérer que, de même que tout est lié dans la nature, de même tout pourra l'être un jour dans le code général de nos connaissances ?

Ce que nous nous sommes proposé d'entreprendre aujourd'hui, c'est de procéder à l'étude détaillée d'un de ces nombreux rapports qui existent entre la nature physique de l'homme et son moral ; c'est de faire l'application des idées que nous venons d'émettre à la recherche des concordances qui doivent se trouver dans l'un des phénomènes les plus remarquables de la science de l'homme, envisagée à ce double point de vue qui s'y rencontre toujours, savoir : la vie corporelle et la vie passionnelle réagissant l'une sur l'autre.

Ne semble-t-il pas impossible, *à priori*, que dans l'être humain, qui possède non-seulement l'organisme physique, mais encore le sentiment et l'intelligence, il n'existe pas des rapports nécessaires, d'une part, entre la constitution matérielle et les fonctions de cet organisme, et, d'autre part, les affections passionnelles que l'homme éprouve dans les diverses circonstances de la vie ? S'il n'en était pas ainsi, l'œuvre créatrice ne nous paraîtrait-elle pas comme complétement dépourvue de sagesse ? Notre raison aurait, en effet, bien de la peine à concevoir que là où il a paru convenable à Dieu d'associer une chose avec une autre, il n'a pas en même temps établi entre ces deux choses les liens et les accords nécessaires à la régularité de leur fonctionnement, soit individuel, soit simultané.

Au reste, les justifications ne manquent pas à l'appui de cette thèse. Récapitulons brièvement, à ce sujet, les faits principaux que nous avons exposés dans d'autres écrits.

Prenez un groupe d'individus et présentez-lui un objet quelconque. Vous pouvez d'avance être certain qu'ils ne seront pas tous d'accord sur l'effet produit : les uns en trouveront la forme agréable, les autres disgracieuse, et à quelques-uns il semblera qu'elle n'est ni bien, ni mal. Or l'objet présenté étant un, et la force sensorielle qui en émane étant la même pour tous, nous n'aurions aucun moyen de comprendre, si tous les organes individuels étaient semblables, que les effets produits, les sensations, ne fussent pas les mêmes. Il n'y aurait pas de mécanique rationnelle possible, si l'on admettait qu'une même force appliquée à un même mécanisme peut produire autre chose que des effets constants. Que conclure donc de la diversité des sensations ? Que sous un type semblable, quant à l'ensemble, les organes de l'homme sont plus ou moins diversifiés dans leurs détails, et que, par conséquent, il y a des rapports nécessaires entre l'homme corporel et l'homme sentant.

On en pourrait dire autant des organes des autres sens ; il en est en outre de même des organes intérieurs.

Chez l'ivrogne, l'ingestion alcoolique, agissant à la fois sur les tissus et sur les fonctions, oblitère les uns et les autres, donne momentanément à l'homme un autre organisme que celui qui lui est propre, et, par suite, des altérations profondes se produisent dans la manifestation des facultés intellectuelles.

La personne souffrante chez laquelle, par suite de la maladie, la normalité ordinaire de l'organisme a plus ou moins disparu, n'a ni les mêmes goûts, ni les mêmes sentiments, ni les mêmes pensées, que lorsqu'elle était bien portante.

Enfin chez le même individu, dont l'âge modifie incessamment l'organisme, les facultés intellectuelles ne se montrent plus, dans la vieillesse, telles qu'elles ont été au printemps de la vie ou dans l'âge mûr.

Il n'est donc pas possible, ce me semble, de se refuser à admettre que, entre l'état physique de l'organisme et celui des sentiments passionnels, il existe des rapports naturels et, par conséquent, obligés. Quelles sont les lois auxquelles obéissent ces rapports pour les différentes phases du phénomène vital? C'est là un sujet d'études aussi varié qu'étendu.

Nous connaissons tous ce dicton populaire : « Dis-moi qui tu hantes, je te dirai qui tu es. » Or, si c'est là l'expression d'une vérité générale, ce proverbe aurait une portée physiologique d'une incontestable justesse. N'est-il pas évident, en effet, que ce que l'homme hante le plus, c'est son propre corps ? De sorte que, s'il lui était possible de bien définir celui-ci, on pourrait lui appliquer la variante : « Dis-moi ce qu'est ton corps, je te dirai ce que doit être la manifestation de ta pensée..»

Non pas que je veuille par là prétendre que la pensée vient du corps, je laisse au matérialisme l'ingénieux mérite d'une telle invention ; mais, quelle que soit l'origine de la pensée, celle-ci se trouve incontestablement dans le corps, et c'est lui qui l'habille dans sa manifestation, si je peux m'exprimer ainsi.

Dans son passage inévitable à travers l'organisme
cérébral, celui-ci moule d'abord la pensée conformé-
ment aux priviléges généraux et constitutionnels de
son type, ce qui fait qu'elle n'est ni canine, ni fé-
line, ni de toute autre nature vivante : elle est hominale et pas autre chose ; puis le cerveau, sans lui rien
enlever de cette essence hominale, lui imprime le
cachet d'une physionomie spéciale, conforme aux modifications d'ordre secondaire que le type général a
pu recevoir dans les détails, et c'est ainsi que se trouvent caractérisées les individualités.

Je n'insisterai pas davantage sur ces considérations, qui ne comportent pas d'exception dans ce
qu'elles offrent d'applicable à tout être créé ; mais il
était nécessaire d'en dire quelques mots pour que, le
point de départ de mes recherches étant bien défini
et par conséquent bien compris, le lecteur fût préparé
à une plus facile conception de ce qui va suivre.

III

**Recherches spéciales sur les équilibres qui, au
point de vue de la procréation, doivent exister
entre les organismes individuels du couple procréateur et le système passionnel de chaque coopérant. — Indication générale de la méthode que
nous nous proposons de suivre.**

L'objet des recherches actuelles a donc été de préparer d'abord et d'exposer ensuite une étude développée des rapports qui lient le physique au passionnel
pour une circonstance donnée du phénomène vital.

J'ai d'ailleurs besoin, en me plaçant sur ce terrain,
de faire bien connaître au lecteur la position que j'y
veux prendre.

En parlant du corps et de l'âme chez l'homme, je
n'entends pas plus m'occuper de la causalité de l'un

que de celle de l'autre. Ces deux causalités sont en dehors de ma portée, et, ne connaissant aucun moyen de les atteindre, je ne peux rien dire d'elles, sinon que je les ignore. Mais ce qu'il m'est permis d'observer et d'apprécier, ce sont les manifestations de chacune, et, parce que toutes deux deviennent ainsi tributaires de mes jugements, je peux espérer, en les étudiant, de pouvoir me prononcer sur la question de savoir si les effets respectifs qu'elles produisent chez l'être humain sont en accord vraiment rationnel les uns avec les autres.

Le sujet que je vais traiter, et qui se rapporte à la loi naturelle de la propagation de l'espèce, m'a paru surtout intéressant parce que, dans l'accomplissement de cette loi, nous trouvons deux organismes essentiellement différents, et que nous aurons ainsi les moyens de bien apprécier quelle est la nature des sentiments divers que, dans la perpétration d'un même acte, Dieu devait imposer à chacun des participants, eu égard à la diversité même de son organisme et de son mode de fonctionnement, pour que le but de la propagation de l'espèce fût sûrement atteint.

Les questions du genre de celles dont nous nous occupons ici paraissent toujours, au premier abord, devoir revêtir une certaine teinte de philosophie et de métaphysique, et il est incontestable qu'elles sont bien de nature à en réveiller l'idée et à faire naître le désir de pénétrer dans leur domaine. Lorsqu'on s'occupe simultanément de l'âme et du corps de la créature humaine, on se trouve aux prises, quoi qu'on fasse, avec une très-grosse part d'inconnu. Or l'inconnu est le provocateur par excellence des inquisitions de la pensée, et, si l'on ne se tient sérieusement en garde contre ces excitations, il peut nous pousser fort loin, et surtout beaucoup trop loin de la raison. La nombreuse nomenclature des divers systèmes philosophiques et métaphysiques en est la preuve.

Cependant, dans toutes les sciences, il n'est pas une question dans laquelle l'inconnu n'intervienne, et le travail du savant n'a pas d'autre but que d'en obtenir le dégagement. Mais il ne le peut avec efficacité que lorsque, soit par la voie de l'expérience, soit par celle de la raison, soit par leur concours simultané, il s'est suffisamment renseigné sur les relations nécessaires qui lient ce qu'on ne sait pas encore avec ce que l'on sait déjà. En dehors de cette règle, on peut considérablement travailler, mais presque toujours on divague encore plus.

Or l'application de cette règle est générale ; elle convient, non-seulement aux sciences proprement dites, mais à toutes les conceptions de l'intelligence. En nous y conformant, nous sortons du vague des hypothèses philosophiques et métaphysiques pour rentrer dans le cercle des idées rationnelles. Alors, quel que soit le point de vue particulier, mais bien défini, sous lequel nous voulons envisager un objet, nous faisons en réalité de la science, bien que, dans cet objet et en dehors de ce que nous cherchons à en connaître, il puisse rester encore beaucoup de choses dont nous ignorerons longtemps et peut-être toujours la raison d'être.

Telles sont les conditions et les limites dans lesquelles je me suis scrupuleusement efforcé de circonscrire les présentes recherches.

IV

Loi naturelle de la propagation de l'espèce

Croissez et multipliez, a dit le Seigneur.

Ce n'est pas dans un sens restreint, biblique et purement religieux que je fais cette citation ; c'est dans le sens le plus général ; et, si j'y ai recours, c'est qu'en deux seuls mots plus profonds, plus vrais et, dans tous les cas, plus instructifs qu'ils ne le sont en apparence, elle est l'expression d'une double conviction universelle dans l'humanité.

Tant que nous croirons au progrès, nous devrons croire aussi à la présence de l'homme sur la terre, puisqu'il en est le seul artisan. J'ajoute que nous ne pouvons pas ne pas y croire, ou que du moins nous ne pouvons cesser d'en avoir le désir et d'en provoquer l'accomplissement, parce que la nature de l'homme est une aspiration incessante vers la possession des jouissances intellectuelles et matérielles de ce monde, et que chaque progrès nous donne une jouissance de plus.

Or ce que je viens de dire ici, cette liaison que je signale entre l'idée de progrès et celle de la présence permanente de l'homme sur la terre, est aussi brièvement qu'admirablement résumée dans la citation précédente ; car Dieu, qui est la prévoyance même, n'a pu ne considérer dans l'homme qu'une seule des deux parties qui composent son être. En s'adressant à lui, en lui révélant ses desseins sur la destinée qui l'attend, il a dû avoir en vue à la fois les âmes et les corps ; s'il en eût été autrement, sa parole n'aurait-elle pas été incomplète ? Or *multipliez*, c'est, dans l'ordre physique, la synonymie de propagation de l'espèce ; comme *croissez* est, dans l'ordre intellectuel et moral, la synonymie de progrès.

Ainsi envisagée, on peut dire que cette parole constitue en deux mots le code tout entier des devoirs de l'humanité. Concevons-nous, en effet, que notre mission ici-bas puisse être autre chose que de nous perpétuer dans le progrès ?

La multiplication, la propagation de l'espèce, fait donc partie de la loi naturelle, et dès lors la créature humaine n'a pas le droit de s'y soustraire. Alors même qu'elle le voudrait, tout doit être combiné de manière que la loi s'accomplisse, et nous allons maintenant rechercher par quels procédés ce but est infailliblement atteint.

Or, dans l'ordre de choses, tel que Dieu l'a établi sur la terre, c'est par le concours des deux sexes que s'effectue physiquement l'acte de la procréation.

Occupons-nous donc avant tout de déterminer les circonstances suivant lesquelles cette participation a lieu.

V

Conséquences physiques de l'acte de la procréation pour chacun des deux membres du couple. Ces conséquences sont à peu près nulles pour l'homme ; elles créent une perturbation profonde dans l'organisme de la femme.

L'acte commun à l'homme et à la femme, par lequel se réalise le but providentiel de la propagation de l'espèce, n'a pas, à beaucoup près, les mêmes conséquences pour l'un et pour l'autre sexe.

Au point de vue purement naturel, ces conséquences sont à peu près nulles pour l'homme ; elles sont immenses pour la femme.

Sauf les cas d'abus, qui ont pour résultat de produire chez l'homme l'hébétement moral et la dégénérescence physique, l'usage modéré de cet acte, loin d'apporter des troubles dans la constitution de l'homme, introduit dans ses facultés actives une sorte de pondération, par laquelle certaines tendances excessives qui pourraient se manifester dans quelques-unes de ces facultés sont momentanément calmées. Par ce moyen, il s'établit dans leur ensemble un équilibre dont l'absence trop prolongée finirait par devenir pernicieuse.

Chez la femme, au contraire, à partir du moment où l'acte vient d'être accompli, un trouble évident se manifeste dans l'état sanitaire ; le jeu des fonctions est altéré, les sensations se modifient, les appétits physiques et moraux perdent leur normalité ordinaire, l'irritabilité nerveuse passe par les alternances de l'affaissement et de la surexcitation. Cet état subversif se prolonge pendant neuf mois, et se termine enfin par la crise si violente des douleurs physiques inséparables de l'enfantement.

Ainsi, après l'acte accompli, il ne reste plus chez l'homme aucune trace de cet acte ; l'état constitutif de l'individu n'éprouve aucune modification ; tandis que chez la femme se manifestent des altérations profondes, maladives, prolongées, dont la terminaison, toujours douloureuse, est quelquefois fatale.

Que résulte-t-il de ces différences ? Que, dans cette circonstance l'homme sera entraîné, sans autre préoccupation, par l'attrait des plaisirs physiques et des sentiments d'ardente sympathie qu'une sagesse supérieure a attachés à l'acte de la procréation ; que la femme, au contraire, ne peut participer à de telles jouissances qu'avec la perspective de longues et inévitables douleurs.

Dans de telles conditions, n'est-il pas naturel d'admettre que l'homme recherchera avec ardeur des circonstances dans lesquelles tout est séduction pour lui dans le présent, sans appréhension pour l'avenir, et que la femme ne saurait pousser au même degré l'entraînement vers des plaisirs qui auront pour conséquence certaine, d'abord, de constituer tout son organisme à l'état de souffrance ; ensuite, après l'enfantement, de lui léguer, ainsi que nous l'expliquerons dans la suite, les plus vives sollicitudes pour l'être qu'elle aura mis au monde ?

A l'homme appartiendra donc essentiellement la convoitise, la poursuite passionnée, toute l'ardeur de la possession. A la femme, des désirs sans doute, il est impossible que Dieu ne lui en ait pas donné, et nous verrons dans la suite quelle en est la nature, mais tempérés à coup sûr par cette crainte qu'inspire naturellement à la créature toute idée de souffrance physique et d'inquiétude morale.

Je crois donc qu'on peut affirmer avec certitude, qu'au point de vue des appétits sensuels, toutes choses doivent nous sembler, dès à présent, disposées pour que l'homme recherche la femme avec un bien plus grand empressement que la femme ne recherche l'homme.

Cette vérité me paraît être la conséquence nécessaire des fonctions diverses qu'à un premier aperçu la nature a dévolues à chaque sexe, des situations si dissemblables qu'elle leur a faites. Nous verrons successivement comment l'étude plus approfondie des organismes et des nécessités qui en sont la conséquence, confirme ce qu'on pourrait trouver de prématuré dans ces intuitions préliminaires.

Quant à présent, bornons-nous à constater qu'en fait, on voit trop souvent les ardeurs de la passion déterminer chez les hommes des rapprochements avec les femmes dans lesquels on chercherait vainement d'autres motifs que les convoitises des sens. Quelquefois même ces ardeurs sont telles que l'homme n'hésite pas à acheter la possession par le mariage; contractant ainsi de véritables mésalliances, se résignant à subir toutes les réprobations sociales qui leur sont inhérentes, toutes les chaînes personnelles si dures qu'elles lui imposent; ne réfléchissant pas qu'un jour il pourra ne trouver dans le cœur de ses enfants que pitié pour lui, mésestime pour leur mère, manque de respect pour tous deux ; affrontant pour sa vie entière, en échange d'un assouvissement qui n'a souvent que la durée d'un éclair, les humiliations publiques, les hontes privées si incessantes d'une cohabitation dans laquelle l'éducation, les idées, les sentiments, sont en pleine discordance: ce qui constitue le complet sacrifice des satisfactions intellectuelles et morales aux jouissances du corps.

C'est, au reste, ce que confirme la sagesse des nations, lorsqu'elle dit : *On a vu des rois épouser des bergères.* Mais des faits analogues sont infiniment plus rares chez les femmes, et s'il est arrivé, ce que j'ignore, qu'une reine ait épousé un berger ne lui apportant en dot que ses grâces corporelles, l'exception est si grande qu'on n'a pas même songé à lui appliquer ce caractère d'application plus ou moins étendue que fait toujours supposer l'existence d'un dicton populaire accrédité.

Si j'ai insisté sur ces détails, quoiqu'ils ne soient un mystère pour personne, c'est qu'il faut qu'on sache bien que l'homme qui, dans le malheur, est toujours disposé à jeter un blasphème contre la Justice divine, l'homme, dis-je, est presque constamment lui-même l'artisan des maux qui le frappent. Son présent et son avenir sont et seront en général des conséquences nécessaires, inévitables, de son passé. Il n'est pas un acte momentané de sa vie qui n'intéresse sa vie toute entière et ne fasse sentir son influence sur les péripéties diverses par lesquelles elle doit passer. Que nos jeunes gens ne l'oublient pas, en cette matière, plus encore qu'en toute autre, il n'est que trop exact de dire : « *Comme on a préparé son lit on se couche.* » Ce n'est pas moi qui ai inventé cette vérité ; l'humanité l'a depuis longtemps constatée et la répète tous les jours.

VI

Premières remarques sur ce fait social et universel que la femme seule se prostitue. Ce fait est un indice certain que les appétits sensuels sont beaucoup moins puissants chez la femme que chez l'homme.

Dans un autre ordre de considérations, nous allons trouver la confirmation très-évidente de la vérité qui nous occupe. Les habitudes et les mœurs des nations, lorsqu'elles ne s'appliquent pas à des objets purement et exclusivement conventionnels, sont toujours un inévitable reflet des lois naturelles plus ou moins faus-

2

sées, il est vrai, dans leur application, mais portant évidemment l'empreinte du cachet de leur origine. Il paraît, en effet, difficile d'admettre qu'elles soient basées, en ce qu'elles ont d'essentiel, sur des motifs autres que ceux qui résultent de la constitution même des choses créées. Or, en ce qui concerne les rapports de l'homme et de la femme, rapports naturels entre tous, que voyons-nous dans tous les pays ? Qu'en dehors de ceux de ces rapports qui sont réglés par les conventions légales du mariage, et qui sont modifiables, on le sait, suivant les lieux et suivant les temps; en dehors de ces rapports, disons-nous, tous les autres, à très-peu d'exceptions près, et encore faudrait-il poser beaucoup de réserves au sujet de ces exceptions, qui ne sont souvent qu'apparentes, tous les autres s'établissent, non par un échange mutuel et librement consenti de sentiments sympathiques entre deux êtres qui s'attirent, et complétement étrangers à toute idée de spéculation, mais par des contrats dans lesquels ce ne sont plus les inspirations naturelles qui font battre le cœur, c'est l'argent ; par des considérations d'achat et de vente, par un véritable acte de commerce, en un mot par la voie de la prostitution.

Or il est incontestable que, dans ce commerce, ce n'est pas l'homme qui se prostitue, c'est la femme. Certes, si la femme s'offrait gratis, si surtout elle faisait son choix, il faudrait bien reconnaître qu'elle cède exclusivement à des entraînements passionnels et physiques qui la dominent. Mais comme, d'une part, elle ne choisit pas, qu'elle accepte à peu près tout, beau ou laid, jeune ou vieux, sain ou infirme ; comme, d'autre part, elle ne se livre explicitement ou implicitement qu'à prix d'argent, on voit bien que chez elle les considérations passionnelles ne viennent qu'en sous-ordre, et qu'il en est d'autres qui leur sont supérieures.

Chez l'homme, au contraire, toutes les fois qu'il agit hors mariage, c'est la passion qui prédomine exclusivement ; aussi choisit-il ce qu'il prend ; il ne craint pas de payer, et quelquefois de payer jusqu'à sa ruine complète, pour posséder l'objet de ses convoitises : preuve évidente de la force coercitive qui l'entraîne.

Si les appetits sensuels avaient la même exaltation chez les deux sexes, ceux-ci se prostitueraient tous les deux, certains qu'ils seraient que lorsque, en raison des nécessités et des misères de la vie, l'un s'offrirait, il aurait chance, en vertu des exigences passionnelles de l'autre, d'être accepté. Or ce n'est pas là, tant s'en faut, ce qu'on observe; et, parce que la femme seule se prostitue, parce qu'elle y met la condition essentielle d'une rémunération, c'est-à-dire d'un sacrifice de la part de l'homme, sacrifice auquel celui-ci se résout volontairement, parce que cet état de choses se perpétue, il faut bien admettre qu'il y a des causes naturelles à la production de ces faits et à leur persistance. Or, de ce qui précède, il me paraît résulter que ces causes doivent être attribuées à des besoins physiques très-impérieux et tellement puissants, qu'ils font taire chez l'homme l'expression de blâme et de pitié, qu'au milieu de ses embrassements il ne saurait, dans son for intérieur, s'empêcher d'infliger à la prostituée.

En un mot, comme, d'une part, on ne vend que ce qui s'achète, et que ce qui se vend le plus est ce qui est le plus universellement désiré ; comme, d'autre part, l'homme ne se vend pas ou presque pas, tandis que la femme se vend beaucoup, il faut bien conclure de ces faits, dont la constance est indéniable, que les désirs physiques qu'éprouve l'homme de posséder la femme sont généralement très-supérieurs à ceux qui poussent la femme à avoir la possession de l'homme.

Nous verrons plus tard combien la vérité que nous venons d'établir est propre à rendre compte d'un grand nombre de faits sociaux, combien, en même temps, elle est de nature à nous mettre sur la voie des réformes à faire pour réaliser l'amélioration du sort de la femme, pour mettre un terme à son état de dépendance, pour nous réhabiliter nous-mêmes en la faisant devenir ce qu'elle est devant Dieu, notre égale.

Au reste, les considérations relatives à la nature physique et physiologique de l'homme et de la femme viennent ajouter leur incontestable autorité à celles qui précèdent, et c'est ce que nous allons étudier dans l'article suivant.

VII

De la constitution organique de l'homme, il résulte que, pour lui, la volonté, le désir de posséder la femme, est indispensable pour que l'acte procréateur s'accomplisse ; le consentement de la femme n'est nullement nécessaire pour que la conception ait lieu.

A quelles conditions rigoureuses, indispensables, le concours de l'homme et de la femme doit-il être soumis pour que le but de la propagation de l'espèce soit atteint ?

Est-il nécessaire que, sous peine de nullité, il y ait dans cette circonstance une volonté librement consentie de la part de chacune des deux parties appelées à former ce concours ? — On sait que non.

On sait, et mille exemples ne l'ont que trop démontré, que non-seulement la femme peut ne pas être librement consentante, mais qu'au contraire, elle peut être obligée de se soumettre, soit par des considérations toutes morales, soit par des actes de contrainte matérielle triomphant des résistances les plus énergiques, sans que pour cela les résultats de l'accouplement physique soient invalidés ; que de cet accouplement résultera fatalement la conception, que la femme le veuille ou ne le veuille pas. Le rôle de la femme, dans cette circonstance, a donc pour caractère essentiel celui d'une passivité qui, à la vérité, ne sera pas complète et absolue, s'il y a consentement et désir de sa part, mais qui pourra aller jusque-là lorsque, après son refus, on aura recours à la contrainte. En un mot, que la participation du corps de la femme, à quelque titre que ce puisse être, soit obtenue, cela suffit pour que l'acte physique produise toutes ses conséquences.

Quant à l'homme, il est loin d'en être ainsi. Son rôle ne consiste pas, comme celui de la femme, à recevoir, il faut qu'il émette : fonction essentiellement active, fonction qui exige, par conséquent, que les conditions organiques de cette activité existent. Or, ces conditions, d'après ce que nous apprennent les lois physiologiques de la vie humaine, ne se réalisent que lorsqu'un vif sentiment de sympathie, réfléchi ou non de la part de celui qui l'éprouve, justifié ou non par les mérites de celle qui en est l'objet, pousse irrésistiblement l'homme vers la femme, sous des influences résultant, comme nous venons de le dire, à des degrés divers, d'incitations sentimentales ou purement matérielles.

En résumé, pas de conception à attendre d'un couple dans lequel la femme est indifférente à l'homme, et à plus forte raison répulsive; tandis qu'au contraire la conception est la conséquence forcée de la réunion des sexes, quelque antipathique que l'homme soit à la femme. Physiquement, il n'y a rien dans l'organisme de la femme qui puisse s'opposer à la pénétration au point voulu du liquide fécondant et à la production de ses effets ultérieurs. Voilà une des principales sujétions de l'état physique de la femme ; nous verrons plus tard comment tout vient s'y conformer dans l'ordre des subordinations passionnelles.

Ces prémisses posées, voyons les conséquences.

Nous avons dit que, la propagation de l'espèce faisant partie de la loi naturelle, il n'est pas permis à la créature de s'y soustraire.

A cet égard pas de difficulté en ce qui concerne la femme, puisque nous venons de voir que, pour elle, il ne s'agit que d'un acte de soumission qui, de bon gré ou de force, peut s'accomplir, et qui, de quelque manière qu'il s'exécute, a pour conséquence inévitable la conception. Les lois de la nature, je le répète, sont telles qu'en ceci la participation de la femme peut n'être qu'une simple mission de passiveté.

Nous analyserons plus loin ce qui se passe à cet égard, au point de vue de la femme dans l'état de barbarie, où la contrainte brutale existe si souvent, et dans celui de civilisation avancée, où elle n'existe presque jamais.

En ce qui concerne l'homme, au contraire, ce ne sera pas seulement sa résistance qui sera un obstacle: l'indifférence suffira pour produire un empêchement radical. Il faut qu'il y ait chez lui volonté et pouvoir d'agir. Or cette volonté, c'est le désir seul qui la donne ; ce pouvoir, c'est l'appétit sensuel, conséquence de ce désir, qui le développe, le rend manifeste et lui donne les moyens d'action sans lesquels rien ne peut être fait.

La contrainte morale ou matérielle serait inutile ; et plus au contraire elle voudrait se montrer coercitive, plus grande serait l'abstention, disons mieux, l'impossibilité.

Concluons donc qu'il ne dépend pas de la volonté de la femme de ne pas satisfaire à cette partie de la loi naturelle, ce qui n'est pas volontaire chez elle pouvant être obtenu par la force ; tandis qu'il pourrait dépendre essentiellement de la volonté de l'homme de ne pas s'y soumettre, et qu'en outre, même alors qu'il aura la volonté d'obéir, il faut qu'il en ait le pouvoir.

Or il y aurait évidemment irrationnalité et contradiction dans les desseins providentiels si, alors que la loi de la propagation doit être exécutée par la créature, l'un des sexes du couple procréateur était empêché de s'y soumettre, même quand il en aurait la volonté, parce que la nature lui aurait refusé les moyens de le pouvoir.

Que résulte-t-il de là ? Il en résulte, en nous reportant à ce qu'offre de plus apparent l'organisation naturelle de l'homme, que le désir de la possession de la femme étant pour lui le plus puissant, disons mieux, l'unique moyen de procéder à l'acte de la procréation, il faut de toute nécessité que la nature ait porté au plus haut degré, dans le cœur de l'homme, le désir de cette possession ; car, si cet entraînement passionnel n'existait pas chez lui, la propagation de l'espèce subirait un infaillible temps d'arrêt, quelles que fussent les passions charnelles de la femme.

Ainsi, en raisonnant sur l'organisation des choses créées, telle que nous la voyons, que nous la connaissons, que nous la pratiquons, il faut reconnaître que la femme peut obéir à cette partie de la loi naturelle, non-seulement sans désir, mais quoique contrainte ; tandis que l'homme ne saurait y satisfaire, alors même qu'il en aurait la volonté, s'il n'est invinciblement entraîné vers la femme par l'ardent désir de sa possession, sans lequel il n'y a chez lui que prostration et impuissance.

On peut dire qu'il ne se produit pas une naissance dans le monde qui n'atteste hautement un moment d'attraction de l'homme vers la femme, tandis qu'il y en a des milliers auxquelles la femme a pu ne participer qu'avec un sentiment d'indifférence pour l'homme et souvent de répulsion.

Que, sans toucher aux conditions de la nature physique des deux sexes, on change les rôles dans l'ordre des sensations ; qu'on exalte chez la femme les appétits sensuels, qu'on lui donne à cet égard la prépondérance sur l'homme ; et plus cette prépondérance sera grande, moins en même temps l'homme sera relativement passionné, et plus le monde de l'humanité sera près de finir.

On le voit donc, dans la réalité des conditions

d'existence qui nous sont faites, il n'est pas possible d'admettre que l'homme ne possède pas une plus grande somme d'attraction pour la femme que celle-ci n'en possède pour l'homme.

Si le contraire avait eu lieu, la nature aurait été grandement inconséquente ; car elle aurait créé un état de choses tendant à la décadence de la vie, alors que tout s'accorde à prouver que c'est sa propagation qu'elle a voulu.

Pour le dire en passant, c'est par ce moyen que le sexe prétendu faible reçoit volontairement du sexe qui s'intitule fort une puissance avec laquelle il faut toujours compter, et qui devient quelquefois irrésistible. C'est ainsi que les équilibres se rétablisent, que, si souvent même, le plateau féminin de la balance l'emporte. — Combien d'hommes, en effet, depuis Adam, tout en ayant comme lui la conscience de mal agir, n'ont-ils pas cédé à l'influence que puise la femme dans le sentiment d'attraction qu'elle exerce sur eux et dont elle n'ignore pas la toute-puissance.

Tenons pour certain, orgueilleux que nous sommes, et cette vérité a percé dans le Monde le jour même où le Paradis fut perdu pour nos premiers parents, tenons pour certain que le sexe fort n'est pas toujours celui qu'on pense. Mais je n'insiste pas davantage sur ce sujet, qui sera plus amplement développé à la fin de cet écrit.

VIII

De l'état de barbarie et de la situation qu'il impose à la femme en particulier et à l'humanité en général. — On montre incidemment que le grand nombre, éclairé par l'intelligence, doit finir par avoir raison de la tyrannie de quelques-uns.

Dans l'état de barbarie extrême, dans cet état où les actions des êtres humains restent individuelles et sans contrôle, où elles ne sont soumises à aucune considération de collectivité, où elles reposent à peu près exclusivement sur les inspirations de l'instinct matériel, la force brutale est toujours prédominante ; et, comme à cet égard l'homme l'emporte physiquement sur la femme, rien ne s'oppose à ce que l'acte de la procréation s'accomplisse toutes les fois que l'homme en aura le désir ; or ce désir, nous venons de le reconnaître, la nature l'en a amplement doué.

La femme n'a donc pu être qu'esclave dans l'état de barbarie, et nous pouvons ajouter, sans crainte de nous tromper, sous tous les règnes tyranniques. L'histoire, sans en excepter celle de la nation qui s'intitulait le peuple de Dieu, s'est chargée de nous apprendre combien ont été dures les chaînes de la servitude que l'homme a imposée à la femme. Citer des exemples serait inutile et d'ailleurs très-insuffisant, car ils ne diraient pas tout, tant ont été grands le nombre et l'horreur des réalités de la débauche.

Les choses se modifient dans l'état de civilisation ; à mesure que celle-ci fait des progrès, l'influence supérieure de la force brutale diminue, le sentiment moral commence à paraître; l'idée, jusqu'alors inconnue, du corps social vient à jour et se substitue de plus en plus à celles de l'individualisme et de la force qui précédemment s'exerçaient seules ; les principes d'association et de solidarité, soit pour la création des choses utiles à tous, soit pour conjurer les dangers communs, naissent, se développent et dominent de plus en plus. Ces premières mesures, prises en vue des intérêts matériels, les heureux résultats qu'elles produisent, font naître la pensée de les appliquer aux intérêts moraux, et, sous ces inspirations, interviennent, dans les législations en voie de se créer, les garanties de la protection sociale du faible contre les entreprises du puissant.

Mais tout cela ne vient que peu à peu, et longtemps encore la femme reste victime. Car ce n'est qu'avec

2*

la grande majorité d'un peuple, majorité toujours
lente à se former, que doit se faire le progrès, celui-ci
ne pouvant équitablement s'expliquer que comme la
récompense d'un travail accompli par ceux qui sont
appelés à en profiter. Aussi pendant des siècles, même
chez les nations qui ont franchi la période de la barbarie, le faible n'est pas uniquement l'individu isolé,
c'est trop souvent le plus grand nombre; tandis que
les puissants sont quelques-uns, et quelquefois un seul,
exerçant sa despotique domination sur de nombreuses
agglomérations d'hommes. La féodalité, l'une des
étapes de l'humanité vers la civilisation, n'a pas été
autre chose.

Que les faibles comprennent donc (le lecteur voudra
bien me permettre cette courte digression) que, plus
il y aura d'opprimés, plus ils auront pour eux la force
du nombre, et ce doit être là, tôt ou tard, leur sauve-
garde ; qu'ils sachent bien que cette force, à la condition qu'elle sera éclairée et dirigée par l'intelligence,
qu'il faut faire intervenir partout et toujours, que
cette force, dis-je, doit être leur vrai palladium contre
la tyrannie. Car c'est à elle, en toute justice, que, dans
ces conditions, doit être réservée la souveraineté du
monde.

En regard de toute calamité, la nature a toujours
placé les moyens de la conjurer; or, comme l'intelligence n'a pas été donnée à l'homme pour rien, c'est à
son initiative qu'il appartient de chercher, de trouver,
d'étudier le remède, et d'en faire une application qui
sera souveraine si elle est raisonnée. Dieu n'a pas
voulu, n'a pas pu vouloir la perpétuité des priviléges
et des jouissances de quelques-uns s'appuyant sur les
privations et les misères, non moins continues, du
plus grand nombre ; car, dans ces conditions, le prétendu progrès de l'humanité ne serait qu'un vain mot.

Mais, ne cessons pas de le répéter, il faut que l'é-
puration se fasse dans le plus grand nombre, car ce
n'est pas avec des éléments médiocres qu'on peut

obtenir de bons produits. Il faut que celui qui veut être émancipé s'en montre digne, sans quoi nous aurions à craindre que, du rang de persécuté, il ne montât, à son tour et rapidement, à celui de persécuteur. Ce serait du changement, ce ne serait pas le progrès.

Le fruit ne vient à maturité que lorsque le germe qui le contient a subi, avec la progression nécessaire, l'action du temps et celle des agents nutritifs de toute espèce qui concourent à son développement. Pour l'homme qui a reçu en don l'intelligence, ces actions sont en lui-même ; c'est par sa volonté qu'elles entrent en exercice. Qu'il se mette donc à l'œuvre ; que cette volonté soit bonne, comme l'a dit le Christ ; qu'il se méfie des défaillances, qu'il avance avec courage, qu'il s'améliore, qu'il se rachète en un mot, et la délivrance, devenue son œuvre même, ne tardera pas à couronner ses efforts.

D'un autre côté, nous tous qui le pouvons, et dans la mesure qui a été dévolue à chacun, faisons entendre au plus grand nombre d'utiles conseils ; aidons-le à instruire cette intelligence qui doit lui servir de levier, à savoir discerner le vrai du faux, à comprendre que la source honnête et durable du bien-être, c'est le travail, l'expurgateur par excellence des vices, des crimes, de la misère.

Qu'on nous pardonne cette digression sur des questions qui ne sont pas tout à fait celles que nous nous sommes proposé de traiter en ce moment, mais qui s'y rattachent par des liens très-étroits ; car il est bien difficile de toucher à une thèse d'intérêt social sans en soulever une foule d'autres. Tout est si bien lié en ces matières, que la vibration imprimée à une corde se communique rapidement et de proche en proche, non-seulement aux cordes voisines, mais encore à celles que leur éloignement semblerait devoir protéger contre toute participation au mouvement initial. Ceci dit, rentrons dans notre sujet.

IX

La civilisation a pour premier effet apparent de substituer, pour la femme, le consentement volontaire à la contrainte.

Maintenant, sans insister davantage sur cet ordre de considérations, sans nous appesantir plus longuement sur cette transition de la barbarie à la civilisation et sur la filière des périodes successives par lesquelles passe celle-ci, plaçons-nous en regard immédiat avec les progrès actuellement accomplis et tâchons de nous rendre compte de la situation que la civilisation d'aujourd'hui a faite à la femme, au point de vue de l'union des sexes.

Or il est évident que la contrainte physique, exercée jadis sur la femme, n'existe plus de nos jours, et nous n'avons pas à compter avec elle. On en trouve bien le récit dans le roman et quelquefois la mise à exécution par le crime ; mais c'est là l'exception, une très-rare exception, et, comme règle normale, nous ne devons plus prendre en considération une si odieuse pratique.

Mais, s'il en est ainsi, si désormais la contrainte physique est à la fois proscrite par nos lois et par nos mœurs, ce n'est plus que par le consentement volontaire de la femme que la propagation de l'espèce peut se produire ; et, parce que cette propagation est une nécessité naturelle irrésistible, nous sommes bien forcé d'admettre que le consentement libre de la femme, dont l'état de barbarie pouvait se passer, devient de plus en plus nécessaire avec le progrès social. De telle sorte que, si la civilisation n'apportait pas dans ses flancs le pouvoir souverainement impératif d'augmenter, de développer incessamment chez la femme sa tendance à s'unir volontairement à l'homme, la loi de la propagation serait visiblement tenue en échec. Car, si ce qui lui échappe d'un côté, l'ancienne contrainte, ne se trouvait pas désormais compensé de l'autre par de nouveaux moyens, il y aurait infailliblement déficit, et qui sait jusqu'à quel point celui-ci pourrait progresser ?

Dans tous les cas, comme il répugne à la raison d'admettre qu'il puisse dépendre de la simple volonté de la créature qu'une mesure d'ordre providentiel ne soit pas exécutée dans sa généralité, nous sommes invinciblement conduit à conclure qu'il doit exister chez la femme un sentiment naturel et en même temps croissant avec le degré de civilisation qui la porte de plus en plus à s'unir volontairement à l'homme.

Et voyez à ce sujet, avant même que la question qui nous occupe soit résolue, combien son énoncé, à lui seul, confirme cette liaison intime, signalée dès le début de cet écrit, entre le progrès et la propagation de l'espèce ; voyez combien nous sommes conduit, par la force des choses, à associer l'idée de l'un avec l'idée de l'autre. Essayez, en effet, de séparer les deux termes de la question, et vous vous trouvez immédiatement dans l'impossibilité la plus absolue de formuler une conclusion autre que la suivante : si la civilisation, en abolissant la contrainte physique, ne la remplace pas par autre chose, elle est l'arrêt de mort de la propagation de l'espèce.

Il est difficile, ce me semble, de trouver entre deux choses un plus indissoluble enchaînement, de mieux établir combien l'une est intimement liée à l'autre, de mieux faire sentir combien est profondément sage et vraie la parole divine : croissez et multipliez, dans son double sens moral et physique.

X

La tendance de la femme au consentement volontaire ne paraît pas pouvoir être attribuée à une augmentation des appétits des sens, développée chez elle par la civilisation. Tout, au

contráire, porte à croire que, loin d'augmenter avec le progrès, l'essor des passions sensuelles tend à diminuer, tant chez l'homme que chez la femme.

Quel est ce sentiment qui, quoique naturel dans son principe, est susceptible, nous venons de le dire, de recevoir un développement factice, mais irrésistible, chez la femme, par le fait de la civilisation?

C'est ce que nous allons rechercher.

En réfléchissant sur cette question, on est conduit à admettre deux ordres d'explications.

En premier lieu, on pourrait être porté à penser que le progrès. civilisateur possède le privilége d'augmenter la puissance des appétits sensuels chez la femme. Celle-ci serait ainsi davantage portée à se rapprocher de l'homme, ce qui aurait pour résultat de rendre la contrainte de moins en moins nécessaire et de la remplacer, finalement, par le consentement volontaire, conséquence de besoins corporels devenus plus nombreux et plus intenses.

On ne saurait nier que, une fois le point de départ admis, ce raisonnement donne une explication logique des faits sociaux que nous observons aujourd'hui. Il est certain, en effet, qu'en acceptant comme une vérité ce surcroît de puissance dans la sensualité féminine ; en supposant qu'il marche, se développe et progresse avec la civilisation, la substitution du volontariat, si je peux m'exprimer ainsi, à la contrainte se justifie naturellement.

Toutefois la question n'est pas aussi simple qu'elle peut le paraître à ce premier aperçu ; car, l'accomplissement de l'acte qui nous occupe exigeant la participation d'un couple, si l'on dit que la civilisation agit sur l'un des membres de ce couple, il ne sera que naturel de penser qu'elle doit agir également sur l'autre. Or, s'il arrivait que cette action se fît sentir dans le même sens des deux côtés, il serait impossible de maintenir la conclusion ci-dessus, ainsi que nous le ferons voir tout à l'heure.

Quant à présent, et en principe, ilsemble bien difficile d'admettre que la civilisation, qui n'exerce pas, que je sache, d'action sur les états morphologiques de l'homme et de la femme, qui dans les formes et dans l'essence anatomique de ces états les laisse subsister tels qu'ils ont été de tout temps ; que la civilisation, dis-je, puisse introduire dans leurs fonctions d'aussi profondes déviations que celles dont il s'agit ici. Comment croire que, sans aucun changement constitutif apparent, puissent s.t igmenter, quant à leur normalité, des appétences dans lesquelles le rôle physique prend une part à la fois si grande et si nécessaire, et qui, à ce point de vue tout au moins, ne peuvent guère être considérées que comme des conséquences directes des constitutions elles-mêmes?

Il y a là une première objection qui me paraît sérieuse. Il ne m'est pas facile, en effet, d'admettre que, sans changement d'un organisme, les fonctions naturelles qui lui ont été originairement attribuées ne restent pas toujours les mêmes; que si, cependant, ce changement dans l'organisme devait être admis comme conséquence du progrès social, ne faudrait-il pas tout au moins en donner quelques indications justificatives? Nous rentrerions alors dans une simple question d'anatomie. Or je ne sache pas que, dans cette science, la description des organes humains, étudiés et connus dans les temps anciens, soit différente de celle qui nous en est donnée aujourd'hui.

Un second point de vue nous frappe, c'est celui que nous avons signalé ci-dessus : si l'on admet que le progrès, même sans rien changer à l'organisme, en modifie les fonctions chez la femme, ne faudra-t-il pas admettre, comme nous l'avons déjà insinué, qu'il les modifiera aussi chez l'homme ? S'il n'en était pas ainsi, et qu'on voulût qu'à la fois il y eut changement chez la femme et inaltérabilité chez l'homme, je ne pourrais, en vérité, dans un sujet si obscur par lui-même, si peu expliqué quant à ses causes directement déterminatives, je ne pourrais, dis-je, voir que les entraînements des fantaisies hypothétiques les plus divagantes, substitués aux exigences rationnelles des procédés et des recherches vraiment scientifiques. Or, dans cet ordre d'idées, le principe des modifications admis, ce qui s'offre à l'esprit de plus naturel, c'est de croire qu'en ceci, comme en toute autre chose, le progrès doit agir, dans le même sens, sur l'homme et sur la femme ; sans quoi il aurait pour conséquence déplorable de différencier incessamment leurs natures, d'y créer des contrastes de plus en plus prononcés, d'éteindre de jour en jour les sympathies actuelles, de faire naître des oppositions jusqu'alors inconnues, d'augmenter, en un mot, les luttes de la guerre au détriment des équilibres de la paix. Or c'est tout le contraire, ce me semble, que le Créateur doit avoir eu en vue. Voilà pourquoi je suis conduit à admettre que, si des augmentations d'appétits sensuels doivent se produire dans l'un des membres du couple procréateur, elles existeront aussi chez l'autre et qu'elles marcheront parallellement dans les deux sexes. S'il en est ainsi, il pourra y avoir plus de procréations, puisque les besoins physiques auront grandi de part et d'autre; mais, l'augmentation de ces besoins s'exerçant à la fois sur chaque sexe, leur proportion restera la même et, par suite, il n'y aura rien de changé dans la nature et dans la quotité des moyens propres à les satisfaire. De sorte que la plus grande facilité donnée par le consentement volontaire de la femme, pourra ne faire que compenser, peut-être même n'ira-t-elle pas jusque-là, la plus grande production résultant du surcroît des appétits sensuels chez l'homme, et dès-lors la cessation absolue de la contrainte cesse d'être explicable.

On voit combien, dans ce système, les objections qui

touchent aux principes sont sérieuses; combien, en outre, dans les détails, il serait difficile d'introduire les équilibres compensateurs nécessaires. C'est donc ailleurs qu'il faut chercher la solution du problème, et les considérations suivantes ne feront que confirmer la justesse de cette conclusion.

Bien loin de croire que les appétits sexuels augmentent avec la civilisation, tout me porte à penser que, plus l'espèce humaine se propage, et qu'avec elle grandit le progrès, plus la faculté ou, si l'on aime mieux, la passion génératrice s'affaiblit chez la créature

N'en est-il pas ainsi dans le règne végétal, où les plantes rustiques, sauvages, se propagent d'elles-mêmes, à tel point que, sans nos travaux ordinaires d'extirpation pour la culture des plantes utiles, elles ne tarderaient pas à couvrir la terre? Preuve évidente de la grande extension que prend chez elles la faculté de procréation ; tandis qu'il est loin d'en être ainsi chez la plante cultivée, qui, au contraire, donne d'autant moins de semence qu'elle a été plus perfectionnée, plus civilisée par le travail de l'homme. Quelle différence n'observe-t-on pas à cet égard entre la fécondité de l'églantier et celle des belles roses de nos jardins

Ne constate-t-on pas également chez l'homme que le nombre des naissances, même en tenant compte de celles illégitimes, l'emporte pour les campagnes, plus voisines de l'état de nature, sur celui des villes, où l'influence de la civilisation est plus prononcée.

C'est que la civilisation fait naître chez l'homme d'autant plus de convoitises qu'elle engendre plus de produits, ce qui ne peut rendre les charges de l'existence que plus onéreuses. Il est vrai que la civilisation, qui n'en est qu'à ses débuts, a fait fausse route et qu'elle nous a entraînés, dans de déplorables proportions, vers le superflu, qui le plus souvent coûte plus cher que le nécessaire ; mais, pour se corriger, il

faudra toujours à l'homme les leçons de l'expérience.
Espérons que celle-ci viendra l'éclairer, et que, con-
servant ce que la civilisation possède d'utile avec elle,
l'homme améliorera sa situation en expulsant ce qui
s'y est introduit de vain, de factice et de ruineux.

Toutefois, sans subir une extinction totale, il est
permis de prévoir que l'exercice de la faculté pro-
créatrice finira par atteindre un état stationnaire naturellement indiqué et qui sera en rapport intime
avec la limite de la puissance de production que Dieu
a dévolue à notre globe. Cette production, en effet,
ne peut pas évidemment être illimitée, et, par suite, le
nombre des habitants de la terre ne saurait l'être à
son tour ; il doit avoir un terme au delà duquel l'idée
de Providence semblerait infirmée, puisqu'il cesserait
d'y avoir équilibre entre la vie végétale qui produit et
la vie animale qui consomme.

Développons cette pensée, à laquelle on n'a peut-
être pas prêté assez d'attention.

Dans l'origine des temps, à l'apparition de l'homme
sur la terre, il fallait que celle-ci se peuplât. C'était
la grande nécessité du moment. Tout a donc dû être
combiné pour qu'il fût largement satisfait aux actes
de procréation, et il n'y a rien que de naturel à penser qu'à cette époque ils ont atteint leur maximum
d'énergie. Et d'abord n'a-t-il pas fallu qu'alors des ac-
couplements dont l'idée nous répugne tant aujour-
d'hui, ceux entre frère et sœur, fussent mis en pratique ? La Bible dans ses récits, dont la naïveté qui
nous étonne parfois n'est que le reflet naturel de la
force même des choses, la Bible ne parle-t-elle pas
d'actes de procréation encore plus éloignés de nos
idées et de nos mœurs, ceux perpétrés entre ascen-
dants et descendants directs. Qu'une fausse pruderie
ne nous fasse pas voiler la face à ce sujet. Par cela
même que nous n'en comprenons pas toujours la prévoyante sagesse, ne soyons pas trop prompts à incri-
miner les faits que Dieu a permis, et sachons surtout

tenir compte des temps, ainsi que du fonctionnement du libre arbitre, qui, pour ne pas être un octroi
dérisoire fait à l'homme, n'a pas dû cesser d'avoir sa
part d'intervention dans les actes de l'humanité. Les
nécessités originaires du peuplement du globe sont
de nature à expliquer bien des choses et devront
toujours prendre le pas sur certaines susceptibilités
de notre époque pour laquelle ces nécessités n'existent plus. Quoi qu'il en soit, ne négligeons pas de le
remarquer, les correctifs mêmes que ces susceptibilités ont introduits aujourd'hui, les interdictions qu'elles
représentent et qu'elles ont fait inscrire dans nos co-
des, ne nous portent-ils pas à croire que c'est plutôt
par voie de décroissement que par voie d'augmentation que se modifie, avec le temps, l'exercice des appétences sensuelles ?

XI

**Recherches entreprises dans les récits bibliques
pour s'éclairer sur le degré d'importance qu'a
acquis chez les anciens peuples le développement
des idées sur la loi de la propagation de l'espèce.**

Dans une étude ausi sérieuse que celle que nous
entendons traiter ici, il ne suffit pas de se borner à
émettre de simples assertions. Quelque acceptables
que celles-ci puissent paraître au premier abord, nous
voulons les justifier et les corroborer par le contrôle
des faits historiques.

Nous pourrions à ce sujet consulter avec quelque
fruit les écrits d'Homère, de Théocrite, de Sophocle
et d'autres auteurs; nous y trouverions, sur les croyances et les mœurs des anciens peuples, de précieux détails, mais dispersés, dépourvus du lien de cette succession chronologique si propre à nous faire apprécier la marche du progrès.

Nous croyons mieux faire en recourant aux récits
bibliques, qui, malgré quelques obscurités tenant cer-

tainement à la distance qui nous sépare des époques primitives, constituent l'histoire écrite la plus importante des premiers temps de l'humanité. Certes, nous ne prétendons pas que le Pentateuque tout entier soit l'œuvre d'un seul homme : les circonstances de répétitions assez fréquentes dans le texte, soit pour les faits, soit pour les préceptes ; le récit détaillé des derniers moments du grand législateur ; celui de certains évènements survenus après lui ne permettent pas de croire que Moïse a seul édifié ce monument, mais il en est certainement l'auteur principal. L'étendue et la puissance de son génie le mettaient mieux que tout autre à même de recueillir et de coordonner les traditions qui circulaient dans son peuple. Le caractère de ses institutions législatives et morales, l'intelligence avec laquelle elles ont été appliquées aux habitudes et aux mœurs de la nation, l'autorité en même temps que la haute prudence qu'il a déployées dans la direction de ces masses errantes et si souvent indisciplinées ne permettent pas de séparer le génie qui se montre dans l'œuvre de celui qui forme le caractère distinctif et incontesté de l'homme.

Au reste, en nous attachant plus particulièrement aux récits bibliques, ce n'est point à dire pour cela que, dans notre pensée, il ne faut tenir aucun compte des détails puisés dans les œuvres des anciens écrivains ; l'inconvénient qu'ils présentent pour une étude suivie, c'est qu'ils sont très-dispersés. Mais chacun de ces détails, dans cette dispersion, comporte presque toujours de remarquables analogies avec ceux de l'Ancien Testament, et confirme ainsi, pour les autres peuples, les enseignements que, dans sa continuité historique, la Bible nous donne pour la nation juive. C'est ainsi qu'à une époque à peu près contemporaine, on peut faire entrer en comparaison les cinquante enfants du roi Priam avec les progénitures si nombreuses de David, de Salomon, de Roboam. C'est encore ainsi qu'en sortant l'une et l'autre d'une ville

en feu, la femme d'Enée se perd et celle de Lot se
retourne, animées sans doute toutes deux par un
sentiment de regrets pour ce qu'elles avaient aimé
dans ces villes. N'insistons pas davantage sur ces
aperçus analogiques qui ont leur importance à coup
sûr, mais qui ne doivent pas nous détourner de l'objet principal de nos recherches.

C'est par la première partie du *Pentateuque*, par la
Genèse, que nous nous trouvons en contact avec
l'humanité naissante, et que nous sommes en mesure
de connaître ses inspirations, ses tendances, ses passions premières. Mais, à part la légende de la création et l'épisode du meurtre d'Abel, les débuts de la
Genèse jusqu'au déluge sont à peu près muets sur tous
autres faits historiques. La tradition, sans doute interrompue par le déluge, ne les ayant pas conservés
jusqu'à Moïse. Cette absence de détail sur les actions
des hommes resserre considérablement pour nous le
champ des interprétations, car c'est surtout par les
actes que se révèlent les passions. Toutefois, au
point de vue des idées qui se rattachent à la propagation de l'espèce, nous remarquerons que cette partie de la Bible n'est pas exempt de toute mention ;
ces idées sont même les seules dont elle nous a
laissé quelques traces, et cette exception est bien
faite pour nous porter à penser qu'elles ont eu une
incontestable prépondérance à cette époque de l'humanité. Notons à ce sujet ce premier cri de satisfaction poussé par Eve enfantant Caïn : Je possède un
homme par la grâce de Dieu ! Notons encore ce re-
merciement qu'elle adresse au Ciel, à la naissance
de Seth : Le Seigneur m'a donné un autre fils ! N'oublions pas, d'ailleurs, cette première parole adressée
par le Seigneur à l'homme et à la femme après la
création: Croissez et multipliez et remplissez la terre.
Remarquons enfin que, dans la généalogie des enfants
d'Adam, après la désignation du successeur direct
de chacun, on n'omet jamais de dire à la louange du

père que celui-ci, indépendamment de la naissance
de cet enfant, a satisfait à la loi naturelle en engen-
drant des fils et des filles.

Sans doute, et nous en avons donné les motifs, les
idées de procréation se trouvent peu développées
dans cette première partie de la Bible ; on ne saurait
néanmoins douter qu'elles ne fussent prédominantes
à cette époque ; car, nous le répétons, les sentiments
qui s'y rapportent sont à peu près les seuls qui soient
signalés dans le texte.

Après le déluge, la tradition, répandue dans une
population de plus en plus nombreuse et qui resta
relativement agglomérée, se propagea avec plus de
certitude et acquit plus d'importance. Les récits re-
cueillis par Moïse qui se rapportent à cette époque
abondent en faits concernant les chefs de la nation
juive, leurs femmes, leurs familles, savoir : Abraham,
Loth, Isaac, Jacob. Les circonstances détaillées de
ces faits sont très-propres à nous éclairer sur les
sentiments populaires qui existaient à cette époque, au sujet de l'importance attribuée aux actes et
aux résultats de la procréation. Nous en citerons
tout à l'heure quelques-uns auxquels nous laisserons
la couleur naïve du récit mosaïque ; ce n'est que rarement que nous ajouterons à la suite quelques cour-
tes observations, car ils parlent assez d'eux-mêmes.
Le plus souvent, nous nous bornerons à souligner les
passages par lesquels se manifestent plus particulièrement les sentiments qui se rattachent aux idées
de procréation.

Mais avant d'entrer dans le détail de ces preuves
individuelles, il ne peut être qu'utile de présenter
quelques considérations générales très-propres à nous
faire apprécier l'ensemble de la situation.

Et d'abord, pour la nation juive comme pour toutes
les autres dont l'histoire nous a conservé des souve-
nirs de quelque importance, Dieu s'est révélé à l'homme,
sinon par lui-même, du moins par ses messagers. Ces

révélations, lorsque d'ailleurs on est convaincu de l'existence d'un Dieu, m'ont toujours paru constituer un principe de première nécessité. Après y avoir mûrement réfléchi, n'est-on pas porté à penser que dans l'univers il doit exister de mutuelles relations entre toutes choses. Où serait en effet la sagesse et la science de la création sans cela? Il faut donc qu'il se trouve une attache entre Dieu et l'homme. Or je comprends que, malgré son infériorité, l'homme, par l'apprentissage continuel de la vie, par l'exercice persévérant de sa raison, parvienne à trouver par lui-même le code des rapports qui doivent le lier aux autres hommes, c'est-à-dire à des créatures qu'il lui est permis de connaître parce qu'elles sont semblables à lui. Mais comment s'élèvera-t-il à l'intuition des liens qui doivent l'unir à Dieu, dont il ignore la nature, dont il ne peut approfondir les desseins, dont il ne saurait pressentir la volonté ? Une telle tâche est au-dessus de ses forces. Pour l'accomplir, il doit être aidé, et cette aide, c'est à Dieu seul qu'il appartient de la donner par des moyens et pour des objets qui ont pu d'ailleurs varier suivant les lieux et les époques.

Ces observations n'ont aucune prétention à expliquer dans leurs détails les diverses révélations religieuses sur lesquelles ont s'est appuyé. Mais elles sont propres à faire comprendre d'une manière générale l'intervention du principe révélateur dans l'apport de toute religion susceptible de prendre quelque racine parmi les hommes. Sans nous appesantir davantage sur ce sujet, qui pourra être ultérieurement développé, faisons-en l'application.

Or, en ce qui concerne le peuple de Moïse, que savait-il des communications que Dieu avait faites? Il savait que la première parole que Dieu avait fait entendre à Adam et à Ève était celle-ci : Croissez, multipliez et remplissez la terre;

Qu'après le déluge, il avait répété à Noé et à ses enfants : Croissez, multipliez et remplissez la terre;

Qu'il avait dit à Abraham : Je ferai sortir de vous un grand peuple ; je multiplierai votre race comme la poussière de la terre ; je ferai croître votre race à l'infini et je vous rendrai le chef des nations.

Que l'ange du Seigneur avait dit à Agar : Vous enfanterez un fils que vous nommerez Ismaël ; je multiplierai votre postérité de telle sorte qu'elle sera innombrable.

Il savait que le Seigneur avait dit à Isaac : Je multiplierai vos enfants comme les étoiles du ciel.

Qu'il avait dit à Jacob : Votre postérité sera nombreuse comme la poussière de la terre ; je multiplierai votre race comme le sable de la mer.

Au point de vue de la parole de Dieu, l'idée de multiplication, de propagation de l'espèce ne pouvait donc être qu'immanente et souveraine dans la nation.

Et il ne servirait de rien de nier en ceci l'intervention divine ; car, plus on voudrait soutenir que c'est à l'habileté d'hommes qui voulaient se rendre puissants que ces promesses doivent être attribuées, plus on serait obligé de reconnaître que les paroles sorties de la bouche de ces hommes étaient le reflet de la pensée humaine de leur temps. Les habiles savent bien, en effet, que ce n'est pas en heurtant les croyances naturelles d'un peuple qu'on peut espérer de le dominer.

Après nous être expliqué sur ce qui a été la pensée divine, disons d'une manière générale ce qu'étaient celles des femmes et des hommes.

Constatons d'abord que non-seulement la polygamie était tolérée, mais qu'elle était mise en honneur. Le prophète Isaïe, même longtemps après la période génésique, n'a-t-il pas dit que sept femmes s'attacheront à un seul homme, offrant de vivre à leurs dépens, pourvu qu'elles aient l'honneur de porter son nom. David comptait dix-neuf fils, sans y comprendre ceux de ses concubines, et l'on sait si elles furent nombreuses ! Roboam avait dix-huit femmes et soixante concubines. Le blâme de l'Écriture contre certains mariages multiples ne doit s'entendre que des alliances avec les filles de Chanaan, race réprouvée ; ce qui n'empêcha pas Salomon de prendre des Chananéennes pour femmes, et d'être subjugué par elles au point d'adorer leurs faux dieux.

Disons en second lieu, qu'en ce qui concerne la femme à cette époque, elle se considérait comme un objet d'opprobre et de mépris, tant qu'elle ne donnait pas d'enfants à la maison. Alors, pour détourner la malédiction céleste, qui lui paraissait devoir être la conséquence de cette absence de génération, elle cherchait des concubines à son mari, priait celui-ci de les prendre pour femmes, et se considérait comme l'objet de la faveur du ciel lorsque ces concubines enfantaient.

Quant aux hommes, ce qui aujourd'hui est pour nous la plus affreuse douleur, pour nos femmes et pour nos filles la plus cruelle offense ; quant aux hommes, dis-je, le viol à cette époque ne les affectait que médiocrement, parce qu'à la suite de cet acte les femmes engendraient, et que la procréation se présenta toujours à eux comme la première nécessité sociale. C'est avec une grande force de vérité qu'on a pu dire de ce temps que la virginité, considérée comme vertu, y était encore inconnue ; qu'on n'y craignait que la stérilité. Ce mot résume à lui seul les mœurs de l'époque et suffit à expliquer tout.

Et maintenant, justifions par quelques citations le résumé ci-dessus, expression de sentiments très-différents, à coup sûr, de ceux de notre siècle ; on verra que nous n'avons rien exagéré.

Parlons d'abord de ce qui concerne les hommes. Nous extrayons ce qui suit du chapitre XII de la Genèse :

« 11. Lorsqu'il était près d'entrer en Egypte, Abra- » ham dit à Saraï, sa femme : Je sais que vous êtes » belle,

» 12. Et que, quand les gyptiens vous auront vue,

» ils diront: «C'est la femme de cet homme-là »; et ils
» me tueront et vous réserveront pour eux.

» 13. Dites donc, je vous supplie, que vous êtes ma
» sœur, afin que ces gens-ci me traitent favorable-
» ment à cause de vous, et qu'ils me conservent la
» vie en votre considération. »

Saraï fut en effet enlevée, conduite à Pharaon, et,
à cause d'elle, Abraham reçut du roi de nombreux
présents.

« 17. Mais, continue la Genèse, le Seigneur frappa
» de très-grandes plaies Pharaon et sa maison, à
» cause de Saraï, femme d'Abraham.

» 18. Et Pharaon, ayant fait venir Abraham, lui dit:
» Pourquoi avez-vous agi avec moi de la sorte? Que
» ne m'avez-vous averti qu'elle était votre femme?

» 19. D'où vient que vous m'avez dit qu'elle était
» votre sœur, *pour me donner lieu de la prendre pour*
» *ma femme?* Voilà donc votre femme que je vous
» rends présentement; prenez-la, et vous en allez. »

Ainsi, ce qu'aujourd'hui nous voudrions racheter
au prix de tout notre sang, Abraham le permettait, le
sollicitait, non-seulement pour protéger sa vie, mais
encore pour être favorablement traité par l'entremise
de Saraï, ce qui eut lieu en effet.

Et ce n'est pas là la circonstance d'un fait isolé,
qui pourrait s'expliquer par l'envahissement subit
d'un sentiment de profonde et involontaire terreur;
non, la préméditation n'est que trop bien établie.
D'ailleurs, plus tard (chapitre XX de la Genèse),
Abraham, étant allé dans le pays du roi de Gérara,
présenta encore Saraï comme sa sœur, dans le but de
s'en faire une protection; et il y réussit, car, indépendamment de mille pièces d'argent, il reçut du roi
des brebis, des bœufs, des serviteurs et des ser-
vantes.

Enfin Isaac, à son tour, usa du même stratagème,
ainsi que nous le voyons par la citation suivante du
chapitre XXVI :

« 6. Isaac demeura donc à Gérara.

» Et les habitants du pays lui demandant qui était
» Rébecca, il leur répondit : «C'est ma sœur »; car il
» avait craint de leur avouer qu'elle était sa femme,
» de peur qu'étant frappés de sa beauté, ils ne réso-
» lussent de le tuer. »

Édifiés par ce qui précède sur les sentiments des
maris envers leurs femmes, voyons ce qu'étaient ceux
des pères pour les filles et des filles pour les pères.

Nous lisons au chapitre XIX de la Genèse que Loth,
ayant donné l'hospitalité à deux hommes, tous les habitants de la ville (Sodome) se rassemblèrent devant
sa maison :

« 5. Alors, ayant appelé Loth, ils lui dirent: Où sont
» ces hommes qui sont entrés ce soir chez vous? Faites-
» les sortir afin que nous les connaissions.

» 6. Loth sortit de sa maison, et ayant fermé la
» porte derrière lui, il leur dit :

» Ne songez point, je vous prie, mes frères, ne son-
» gez point à commettre un si grand mal.

» 8. J'ai deux filles *qui sont encore vierges*, je vous
» les amènerai ; *usez-en comme il vous plaira*, pourvu
» que vous ne fassiez point de mal à ces hommes-là,
» parce qu'ils sont entrés dans ma maison comme
» dans un lieu de sûreté. »

Quant à ces deux mêmes filles de Loth, voici ce que
la suite du chapitre XIX nous apprend d'elles, après
la destruction de Sodome :

« 30. Loth se retira sur la montagne avec ses deux
» filles, entra dans une caverne et y demeura avec
» elles.

» 31. Alors l'aînée dit à la cadette : Notre père est
» vieux, et il n'est resté sur la terre aucun homme
» qui puisse nous épouser suivant la coutume de tous
» les pays.

» 32. Donnons donc du vin à notre père et eni-
» vrons-le, et dormons avec lui, *afin que nous puissions*
» *conserver de la race de notre père.*

» 33. Elles donnèrent donc, cette nuit-là, du vin à
» boire à leur père, et l'aînée dormit avec lui, sans qu'il
» sentît ni quand elle se coucha, ni quand elle se leva.

» 34. Le jour suivant, l'aînée dit à la seconde : —
» Vous savez que je dormis hier avec mon père; don-
» nons-lui encore du vin à boire cette nuit, et vous
» dormirez aussi avec lui, *afin que nous conservions de*
» *la race de notre père.*

» 35. Elles donnèrent donc encore, cette nuit-là, du
» vin à leur père, et sa seconde fille dormit avec lui
» sans qu'il sentît non plus ni quand elle se coucha, ni
» quand elle se leva.

» 36. Ainsi, elles conçurent toutes deux de Loth,
» leur père. »

Certes, au point de vue des idées et des sentiments
de notre époque, nous ne pouvons que déplorer ces
actes des filles de Loth; mais il serait injuste de les
condamner avec toute la rigueur des répréhensions
inhérentes à notre civilisation actuelle. En jugeant
l'humanité, sachons toujours faire la part des temps.
Les unions entre frères et sœurs, dont l'idée nous ré-
volte tant aujourd'hui, n'ont-elles pas été à l'origine
une nécessité de premier ordre? Et ne devons-nous
pas conclure de là que tout ce qui se rattachait aux
interdictions concernant la consanguinité devait se
présenter à l'esprit des premiers hommes, comme
beaucoup moins impératif que ce que, de nos jours,
nous avons été conduits à admettre à ce sujet. Certes,
nous n'irons pas jusqu'à dire que la prohibition de
rapports entre père et fille, surtout à l'époque de Loth,
n'existât pas; et ce qui prouve au contraire cette existence, c'est le soin que prennent les filles d'enivrer
leur père afin qu'il ignore ce qui va se passer. Mais il
est permis de croire que cette prohibition ne se pré-
sentait pas, dans les idées de l'époque, avec ce degré
de coercition absolue que nous lui attribuons de nos
jours et qui nous fait considérer comme une mons-
truosité, ce qui alors ne faisait qu'effleurer la sphère

de la criminalité. Sachons d'ailleurs accepter cette pensée-d'atténuation que rien, dans le récit de la Bible, ne permet de supposer que les filles de Loth ont cédé, dans cette circonstance, à des entraînements de concupiscence; elles n'ont obéi, comme on a pu s'en convaincre, qu'au désir, peut-être obligatoire à leurs yeux, de ne pas rester dans la honte de la stérilité, surtout lorsqu'il s'agissait de perpétuer la race de leur père, qu'elles croyaient être resté le seul homme survivant.

Or ce sentiment de la propagation des races était alors dominant dans l'humanité. Les citations suivantes vont nous donner une idée de l'invincible puissance qu'il exerçait sur les femmes, et qui les poussait à des résolutions aussi facilement acceptées par elles qu'elles paraîtront répugnantes au sexe féminin de notre époque.

Nous lisons dans le chapitre XVI de la Genèse :

« 1. Or Saraï, femme d'Abraham, ne lui avait point » encore donné d'enfants ; mais, ayant une servante » égyptienne nommée : Agar,

« 2. Elle dit à son mari : « Vous savez que le Sei-» gneur m'a mise hors d'état d'avoir des enfants; » prenez donc, *je vous prie*, ma servante, afin que je » voie si j'aurai au moins des enfants par elle. » Et, » Abraham s'étant rendu à sa prière,

« 3. Saraï prit sa servante Agar, qui était égyp-» tienne, et la donna pour femme à son mari, dix ans » après qu'ils eurent commencé de demeurer au pays » de Chanaan.

« 4. Abraham en usa selon le désir de Saraï. »

Le chapitre XXIX de la Genèse nous apprend qu'à sept jours de distance, Jacob épouse les deux sœurs, Lia et Rachel, filles de Laban, son oncle.

Après quelques années de stérilité que le Seigneur fit cesser, Lia, quoiqu'elle ne fût pas la préférée, eut quatre enfants. Rien ne peut nous donner une idée plus complète des sentiments dominants chez les femmes à cette époque, que les paroles que la Bible

met dans sa bouche au moment de ces accouche-
ments successifs :

« 32. Le Seigneur a vu mon humiliation, mon mari
» m'aimera maintenant.

» 33. Le Seigneur, ayant connu que j'étais méprisée,
» m'a donné ce second fils.

» 43. Maintenant mon mari sera plus uni à moi,
» puisque je lui ai donné trois fils.

» 35. Maintenant je louerai le Seigneur. »

En ce qui concerne Rachel, voici ce que contient le
chapitre XXX :

« 1. Rachel, voyant qu'elle était stérile, porta envie
» à sa sœur, et elle dit à son mari : « Donnez-moi des
» enfants, ou je mourrai. »

» 3. Rachel ajouta : « J'ai Bala, ma servante ; allez à
» elle, *afin que je reçoive entre mes bras ce qu'elle en-*
» *fantera* et que j'aie des enfants d'elle. »

» Elle lui donna donc Bala pour femme. »

« Celle-ci fut mère de deux fils. Alors Rachel s'écria :
« Le Seigneur a exaucé ma voix, il a jugé en ma
» faveur ; il m'a fait entrer en combat avec ma sœur,
» et la victoire m'est demeurée. »

Nous lisons ensuite :

« 9. Lia, voyant qu'elle avait cessé d'avoir des en-
» fants, donna a son mari Zelpha sa servante,

» 10. Qui conçut et accoucha de deux fils.

» 11. Et Lia dit : « C'est pour mon bonheur, car les
» femmes m'appelleront bienheureuse. »

Enfin, Lia ayant eu d'autres enfants, elle en remer-
cia le Seigneur en ces termes caractéristiques et
bien faits pour nous étonner aujourd'hui :

« 18. Dieu m'a récompensée *parce que j'ai donné*
» *ma servante à mon mari.* »

A la lecture de ces faits, étranges je l'avoue, soyons
étonnés, je ne m'y oppose pas; mais n'allons pas jusqu'à être scandalisés, car le scandale suppose toujours des intentions mauvaises, des préméditations
coupables, et il se peut très-bien faire qu'ici il n'y en

ait que d'avouables. Ne nous établissons pas en juges de la moralité des actes ; car, ne pouvant les apprécier qu'avec nos idées actuelles, nous serions exposés à ne commettre que d'injustes rétroactivités. [Restons donc simples observateurs ; bornons-nous à recueillir des faits et à les planter, sans parti pris, comme les jalons indicateurs et constitutifs de la science des mœurs dans le développement humanitaire.

En y réfléchissant sérieusement, il ne nous paraît pas possible d'expliquer ces faits, les sentiments qu'ils indiquent, les mœurs qu'ils révèlent, sans admettre que, dans ces temps reculés, il existait dans l'humanité des exigences ou, pour mieux dire, des croyances sur la nécessité de la procréation dont l'importance était bien supérieure à celle des besoins de notre temps. Certes, avec nos idées actuelles de morale, aucune de ces choses ne pourra paraître excusable ; et, quoiqu'elles se rapportent aux hommes réputés les plus saints de l'époque génésique, notre but ne saurait être de les présenter aujourd'hui comme règle de conduite. Ce que nous nous sommes proposé seulement, c'est, après avoir constaté l'existence de ces faits, d'apprendre quelle a pu être leur raison d'être, en excluant également toute idée de blâme ou d'éloge. Or, si nous ne nous sommes pas fait illusion, nous croyons que, si l'on veut bien faire la part des lieux, des temps et des situations, nous serons parvenu, sinon à créer des sympathies en faveur de l'état social de cette époque, du moins à satisfaire aux aspirations de la froide raison, qui cherche à en approfondir les causes.

XII

Le développement historique des faits qui, au point de vue de la propagation de l'espèce, concernent l'humanité primitive, se montre en parfait accord avec les exigences de la raison.

Les faits sont bien connus maintenant, et, à moins de révoquer en doute l'authenticité de la Bible, sinon

dans les pensées que son auteur a pu y introduire de
son propre fonds, du moins dans la tradition qui s'est
perpétuée chez le peuple concernant les faits, nous
sommes tenus d'accepter ceux-ci comme certains ; de
sorte que, sauf à ne pas insister sur quelques détails
peu importants, nous pouvons les considérer, dans la
généralité de leur ensemble, comme devant former la
base de nos convictions. Toutefois, comme nous ne
nous sommes pas borné à les considérer seulement en
eux-mêmes, comme ils nous ont servi de point de départ pour des appréciations sur les sentiments et les
tendances qui ont dominé dans cette période de l'humanité, il nous a semblé que nous ne devions pas nous
en tenir à cette sorte de mise en demeure exclusivement historique. Nous croyons que le jugement que
nous avons porté sur leurs conséquences doit être
appuyé sur des justifications aussi complètes que possible. A cet égard, il nous paraît que ce jugement ne
pourra être que plus facilement accepté, si nous faisons bien comprendre au lecteur que, en même temps
que ces faits, quant à leur existence, sont la vraie représentation de la tradition qui nous en est parvenue,
les interprétations que nous en avons déduites n'ont
de leur côté rien que de très-acceptable au point de vue
rationnel. C'est ce que nous allons chercher à faire en
développant les observations suivantes.

En réfléchissant sérieusement aux œuvres de la
création, à ce que les recherches scientifiques nous
en ont appris et surtout aux phases successives de
leur filiation, il est bien difficile d'admettre que Dieu,
après avoir tant et tant de fois renouvelé la face de la
terre dans les temps préhistoriques, introduisant sans
cesse de nouvelles vies après chaque nouvelle amélioration; que Dieu, disons-nous, n'ait pas voulu la préparer
de longue main et l'adapter aux besoins physiques de
l'homme qui y a été appelé, au développement de sa
vie intellectuelle, si supérieure à toutes les autres. Il
nous paraît, en outre, impossible que la créature hu-

maine, une fois introduite sur le globe, n'ait pas reçu la mission et de se reproduire et de se répandre sur la surface de sa nouvelle demeure.

S'il n'en était pas ainsi, quel but aurait donc poursuivi le Créateur en s'appliquant incessamment à perfectionner cette demeure? Ne serait-ce pas douter de sa sagesse et de sa prévoyance que de s'imaginer que c'est pour un seul couple qu'il a travaillé si longtemps, qu'il a prodigué l'étendue terrestre, qu'il a distribué avec tant d'harmonie et en tous lieux les éléments de la vie universelle sur notre planète: l'eau, la terre végétale, l'air respirable ?

Après l'adaptation préparatoire du globe accomplie par Dieu, après la création de l'homme, la seule pensée qui puisse donc s'imposer à notre raison, c'est que l'homme a dû recevoir l'impulsion première et souveraine de travailler à la propagation de l'espèce, au peuplement de la terre. En dehors de cette conception et en présence des faits accomplis, l'ordre logique des nécessités humanitaires m'échappe, et je ne comprendrais pas que Dieu, n'ayant pas le but que je viens d'indiquer, eût précisément donné à la créature tous les moyens propres à le réaliser. Il y aurait là entre la pensée qui a conçu et la main qui a créé d'inexplicables antagonismes. Mais, avec la croyance contraire, tout s'enchaîne, tout s'explique, et notre raison satisfaite comprend et admire.

Remarquons, en second lieu, qu'à cette époque primitive, et longtemps encore après elle, l'homme, privé des ressources si nombreuses, si variées, que nous donnent aujourd'hui l'exercice et les productions de l'intelligence, ne pouvait guère posséder d'autres joies que celles que donne la satisfaction des besoins corporels. Or, parmi ceux-ci, le seul qui soit en même temps doué de la faculté de faire vibrer la corde des aspirations du cœur, n'est-ce pas celui de la procréation, qui donne toute leur puissance aux sentiments d'affection de l'homme pour la femme, aux sentiments d'affection, non moins puissants, de la femme pour son enfant : double bienfait, qu'en l'absence de ceux qui ne pouvaient être connus que plus tard, Dieu a dû concéder avec plus de prodigalité à la créature primitive. Disons donc qu'à ce second point de vue encore s'établit un parfait accord entre l'historique des faits et les exigences de la raison.

Remarquons enfin qu'à notre époque, où, chez les nations civilisées, on ne peut s'emparer d'un objet quelconque qui a de la valeur sans être criminel, où toute chose se trouve entre les mains d'un détenteur dont nous sommes tenus de respecter la propriété; à notre époque, disons-nous, le plus incessant, le plus impérieux de nos soucis, est d'assurer à nos enfants un avenir qui leur donne le pain de chaque jour. Or, qu'on le reconnaisse franchement ou qu'on le veuille tenir secret, il y a dans le seul énoncé de ce problème, si difficile à résoudre, un lien coercitif souvent implacable. Je n'en juge pas la moralité, je me borne à en constater l'existence, et personne, je crois, ne se refusera à la reconnaître.

Mais les temps primitifs ne furent pas affligés de semblables inquiétudes; il y avait de la terre partout; elle appartenait au premier occupant : il suffisait de quelques journées de marche pour en acquérir la propriété. Le sol produisait amplement pour les troupeaux, et les troupeaux suffisaient à l'homme. Si le bétail augmentait, on étendait la prise de possession. Si quelques calamités naturelles rendaient momentanément la terre stérile, on allait planter sa tente ailleurs. Que fallait-il aux hommes et aux enfants? Du lait et du bétail pour se nourrir, des peaux de brebis pour se vêtir. Avec tous ces moyens de satisfaire à ses besoins, d'ailleurs si modérés, l'inquiétude pour l'avenir, si terrible aujourd'hui, n'existait pas, et l'on conçoit ainsi la rapidité de l'augmentation du nombre dans la famille et la propagation incessante des familles sur la terre. Observons, en outre, que les enfants, d'autant plus faciles à élever et à conserver qu'ils étaient plus près de l'état de nature et plus identifiés avec lui, quand ils devenaient grands, au lieu de dévorer les patrimoines, comme le font aujourd'hui tant de fils dissipés, rendaient des services. Ils gardaient les troupeaux, aidaient par leur travail, épargnaient des serviteurs à gages et contribuaient puissamment à l'augmentation du bien-être et des richesses de la famille. C'est ainsi qu'on peut parfaitement comprendre cette parole de l'Ecriture, malheureusement trop peu applicable de nos jours : « La couronne des vieillards ce sont les enfants de leurs enfants. »

En résumé, nous croyons pouvoir affirmer que les faits constatés dans la période des premiers âges sont aussi naturels, aussi vrais, aux yeux de la raison qu'à ceux de l'histoire ; que, par conséquent, à tous les points de vue, on peut être certain de ne pas se tromper en les prenant pour guide.

Qu'une observation nous soit permise en terminant cet article.

Nous comprenons que cette comparaison que nous avons établie entre les temps primitifs et les époques civilisées, que cette absence d'inquiétudes sur les besoins matériels de la vie pour les premiers hommes ; qu'au contraire cette préoccupation, qui nous envahit sans relâche aujourd'hui, soient des vérités facilement acceptées en principe par le lecteur. Mais nous comprenons en même temps qu'à la suite de ces constatations, on soit invinciblement porté à se demander : Où allons-nous aujourd'hui, où serons-nous demain? Nous essayerons de répondre à ces questions. Des investigations personnelles sur la marche de la population en France, dans le siècle actuel, ont mis à jour des révélations encore peu connues, mais dont il devient de plus en plus nécessaire de tenir compte et qui nous mettront sur la voie de la solution. Toutefois nous ne saurions, sans nous écarter

trop de notre sujet, en présenter ici le développement ; nous en avons fait l'objet d'un appendice, qui
sera bientôt publié et qui, dans la limite de ce qui est
aujourd'hui possible, pourra donner une satisfaction,
du moins partielle, au désir naturel que nous avons
tous de nous avancer dans la connaissance des choses
de l'avenir.

XIII

**C'est par le désir du bien-être, naturel à toutes les
créatures, désir que l'organisme et la mission de
la femme ne lui permettent pas de réaliser par
elle-même, que se détermine le consentement volontaire de la femme de s'unir à l'homme.**

Or, s'il est incontestable que le remplacement de
la contrainte par le consentement volontaire de la
femme ne saurait être attribué à un désir de procréation, devenu plus développé et plus intense chez elle
de nos jours que dans les temps anciens, nous nous
retrouvons en présence de cette question que nous
nous sommes déjà posée au commencement de l'article X, et que nous reproduisons ici :

Quel est ce sentiment qui, quoique naturel dans son
principe, est susceptible de recevoir un développement factice, mais irrésistible, chez la femme, par le
fait de la civilisation?

A cette question, nous n'hésitons pas à répondre :

C'est dans le désir de bien-être inné chez toute
réature, sentiment naturel s'il en fut, mais auquel la
femme par elle-même est dans l'impossibilité de donner satisfaction, que se trouve l'explication que nous
cherchons.

Nous le voyons autour de nous : tout ce qui vit, sans
exception, cherche le bien-être.

L'oiseau veut son nid, le carnassier sa tanière, le
papillon court après les fleurs, le cerf agile trouve sa
sécurité dans l'ombre et dans l'immensité de la forêt,

l'oiseau de proie convoite les dépouilles sanglantes, à tous il faut la liberté ; et, si l'animal domestique consent à s'en passer, c'est qu'il sait bien que, dans le voisinage et sous la protection de l'homme, il trouvera plus de bien-être qu'à l'état libre.

La plante elle-même affectionne certains sols, préfère certaines expositions et est avide de la lumière du jour.

Cette aspiration au bien-être est donc générale dans le monde des choses créées ; mais, simplement instinctive et non perfectible par elle-même dans les règnes animal et végétal, elle est raisonnée dans celui de l'humanité, susceptible par conséquent de développement comme la raison elle-même, sa compagne inséparable.

Or nous n'avons pas besoin d'un grand effort de réflexion pour reconnaître que le seul moyen moral, légitime et durable, d'obtenir le bien-être dans la mesure permise à chacun, c'est le travail ; le travail, qui est l'œuvre propre de chacun de nous, et dont les fruits doivent, par conséquent, devenir la plus indéniable de nos possessions ; le travail, qui à son tour se développe comme la raison, dont les effets et les bienfaits grandissent avec elle, augmentent incessamment le bien-être de l'homme, mais, comprenons-le bien, dans la proportion de la bonne volonté que chacun aura su mettre à son accomplissement.

Mais il y a cette différence entre l'homme et la femme, que le premier, ayant reçu en partage la force, est naturellement plus apte au travail que la femme, qui est relativement plus faible ; que d'ailleurs celle-ci, à qui ont été imposées les fonctions de la maternité et les conséquences qu'elles entraînent pour nourrir, élever et protéger l'enfant qu'elle a mis au monde, n'aurait ni les moyens ni le temps nécessaires pour se livrer à d'autres occupations. Elle ne saurait, en conséquence, que très-accidentellement prendre part à ces labeurs quelquefois si rudes, à ces incessantes fatigues de corps et d'esprit qui captivent toute l'attention de l'homme et ne l'autorisent, pour ainsi dire, à goûter sans mélange les joies de la famille que dans les trop courts intervalles de repos qu'il lui est permis de dérober aux impérieuses nécessités de la tâche qu'il a à accomplir.

C'est donc surtout l'homme qui, par son travail, est apte à acquérir le bien-être; tandis que la femme, qui, précisément quand elle est mère, a besoin de bien-être pour deux, serait dans l'impossibilité de se le procurer, soit à cause de sa faiblesse, augmentée de celle de son enfant, soit à cause des autres obligations d'ordre supérieur que la nature lui a imposées, et qui sont la conséquence inévitable de son organisme même, ainsi que nous en donnerons bientôt la raison.

La femme est donc dans la nécessité de chercher auprès de l'homme et d'attendre de lui ce qu'elle n'a pas les moyens de se procurer elle-même, et il s'établit ainsi un pacte entre les deux sexes.

Nous n'examinerons pas ici ce pacte dans tous ses détails; nous nous réservons de procéder, dans un travail spécial, à une analyse circonstanciée de la nature des accords et des obligations qu'il impose aux deux parties, obligations que malheureusement les vices d'une civilisation, tant qu'elle est incomplète, peuvent oblitérer. Nous nous bornons en ce moment à considérer ce pacte comme un fait donnant une satisfaction nécessaire aux besoins naturels et respectifs des contractants; à faire remarquer que, remplaçant dans la succession des temps, par le consentement volontaire de la femme, la contrainte précédemment et violemment exercée sur elle, il remplit un rôle incontestablement réparateur et constitue en sa faveur une indéniable amélioration.

D'ailleurs, dans ce pacte, par voie d'une juste réciprocité, l'homme reçoit comme récompense de son action protectrice les plus vives satisfactions physiques qu'il lui soit permis de goûter ici-bas, celles dont la nature lui a imposé l'irrésistible besoin, en développant chez lui, à un haut degré, le désir de la possession de la femme.

Ainsi s'établit l'équilibre, ainsi se forme le consentement volontaire et mutuel des deux parties : l'une a besoin de bien-être et ne peut se le procurer, l'autre le lui apporte ; l'homme a un besoin impérieux de la possession de la femme, et la femme reconnaissante se donne à lui, et, dans cet abandon volontaire, l'homme civilisé trouve de plus que le barbare un surcroît de séduction.

Est-ce à dire pour cela qu'il n'y a plus rien à faire? Je ne suis pas assez optimiste pour le prétendre. Je ne me fais pas illusion au point de ne pas voir ce qu'il y a quelquefois de contrainte morale dans certains consentements volontaires.

Mais, lorsque la contrainte n'est que morale, à côté de pressions qui peuvent être pénibles, parce qu'elles ont pour but d'exiger le sacrifice des entraînements plus ou moins réfléchis du présent, il y en a d'autres qui sont éminemment tutélaires, parce qu'elles sont de nature à conjurer les tribulations, trop souvent imprévues, de l'avenir. Dans tous les cas, l'exercice du libre arbitre reste; il n'est pas complétement anéanti, comme dans les violences de la contrainte physique ; il a le pouvoir de combattre, et il triomphe quelquefois; en un mot, les droits naturels de l'être sont mieux respectés.

A ce point de vue, il faut le reconnaître, la situation de la femme a reçu d'incontestables améliorations. Sans doute, il y en a d'autres à préparer et à conquérir, et nous devons avoir la confiance que le progrès les réalisera; mais, ne le perdons pas de vue, le progrès n'a jamais été immédiatement la perfection, il n'est qu'un moyen d'y arriver. En tout, il faut savoir compter avec le temps, et, si nous sommes impatients, retenons bien que c'est dans nos efforts seuls que réside la puissance capable d'abréger les durées.

Nous ne saurions terminer cet article sans nous expliquer en termes très-catégoriques, et qui ne puissent donner lieu à aucune incertitude, sur la signification que nous entendons attribuer au mot bien-être.

Pour certaines natures sensibles, trop sensibles à notre avis, ce mot est un épouvantail ; il leur semble que l'aspiration au bien-être est le repoussoir nécessaire de tout sentiment vertueux. Cela tient sans doute à ce que, pour ces natures, ce mot ne rappellerait d'autres idées que celles de jouissances se complaisant dans une sorte de mollesse orientale, voisine de la paresse et de l'égoïsme, endormant l'esprit dans le rêve paisible d'une existence douce, calme, voluptueuse ; d'une existence s'écoulant dans le sein de désirs incessamment satisfaits, avec toutes les séductions d'un bonheur sans limites, sans aucune crainte, sans aucun des terribles soucis de ce que pourra être l'avenir.

Certes, si le mot bien-être voulait dire toutes ces choses; s'il n'exprimait d'autres idées que celles qui se résument, finalement, en la possession de cette puissance terrestre que donne la richesse, de cette puissance qui fait miroiter à nos yeux des jouissances aussitôt assouvies que conçues, jamais acquises au prix de nos efforts personnels, toujours obtenues par la simple ouverture de ce robinet qui est la clef du fleuve d'argent; oh ! certes, je me hâte de le dire, je serais le premier à m'inscrire sur la liste de ceux qui veulent infliger à l'idée de bien-être le stigmate de la réprobation.

Mais, si incontestablement il y a de cela dans l'idée de bien-être, il y a aussi autre chose, et il faut se garder, par excès de zèle, de rien dissimuler de ce qui s'y trouve.

Car, si le bien-être consiste dans la possession de cette somme de ressources nécessaires à la vie de l'homme et à celle de sa famille, ne serait-ce pas une sorte de préméditation au suicide pour l'individu, une condamnation à mort pour la famille, que de ne pas le rechercher?

Si le bien-être est le résultat immédiat pour l'homme de sa soumission à la loi du travail, y a-t-il dans ce monde possession plus désirable, plus légitime, plus morale que la sienne?

Si la demande de ce bien-être est inscrite dans la prière que le Christ nous a invités à adresser au Seigneur, ne serait-ce pas contraire à la nature de l'homme que de vouloir s'en passer?

Si le surcroît de bien-être nous donne les moyens de subvenir aux besoins des autres, ne serait-ce pas manquer à la charité, et dans tous les cas se priver des moyens de la pratiquer, que de rejeter ce surcroît comme une indignité?

Eh quoi! notre vie, dites-vous, doit être une aspiration constante vers les félicités éternelles que Dieu nous réserve, et de ces félicités la créature humaine ne percevrait aucun avant-goût sur cette terre? Elle n'aurait en partage que la douleur, lui apprenant à expérimenter les rigueurs de la justice providentielle et à les maudire peut-être? Elle n'éprouverait jamais les joies qui doivent lui faire connaître ses bontés, et lui enseigner la reconnaissance?

Voudriez-vous donc, rigoristes implacables, enlever à l'homme ce sentiment de bien-être qu'il va chercher dans les bras de sa compagne et dans ceux de ses enfants rendus heureux par lui? A la mère, ces élans de bonheur qu'elle éprouve lorsque, pressant son enfant sur son cœur, elle se sent rassurée pour son avenir? A nous tous, ces enivrantes satisfactions de l'âme qui pratique la charité?

Et à la place de ces douces émotions qui nous rapprochent du Ciel, et nous aident à supporter le poids de nos souffrances, voudriez-vous ne nous laisser ici-bas que l'enfer? ce même enfer contre lequel vous n'aurez jamais assez de foudres, dites-vous, pour l'extirper de nos demeures futures?

Sachons-le bien, dans ce monde où la perfection n'habite pas, tout est affaire de mesure et ne peut être que relatif. Arrière donc les condamnations absolues, irrévocables ! Manquer de bien-être sera toujours un malheur ; car c'est à la fois souffrir pour soi et ne pouvoir soulager les autres. En avoir trop peut aussi être un malheur, et plus grand encore que le précédent, suivant l'usage pernicieux qu'on en fera. Mais en posséder sa part légitime est un bienfait qui évite la douleur, ou du moins la diminue et nous initie aux miséricordes divines. Enfin, posséder un surcroît de bien-être pour l'employer au soulagement de la souffrance, c'est recevoir, grandies dans son âme, toutes les joies que nous versons dans les âmes des autres.

Ne récriminons donc pas contre le bien-être, sans lequel le bien ne peut se répandre. Quant à la dose suivant laquelle chacun peut aspirer après lui, quant à la part qu'il peut chercher à réaliser, nous retombons ici sous les inspirations du libre arbitre. Mais que celui-ci sache bien qu'en toute chose il ne doit pas dépasser le but; car, s'il a le choix des déterminations, il aura la charge des responsabilités.

En résumé, parce que Dieu nous a créés pour le progrès, il faut que nous soyons invinciblement attirés par lui ; sans quoi il y aurait contradiction. Aspirons donc sans crainte après le bien-être, mais dans la mesure légitime de nos besoins. Dieu, qui est juste, nous donnera assez de force pour atteindre ce but. Vouloir aller au delà serait tenter Dieu; or ce n'est pas l'œuvre de Dieu d'obéir aux caprices de l'homme.

Enfin ne soyons jamais trop rigoureux, pas plus en matière de vertu qu'en matière de vice, car le vice trop frappé peut se révolter, et la vertu trop surchargée devient impossible.

XIV

Puissance de la civilisation pour développer de plus en plus chez la femme le désir de la possession du bien-être et pour augmenter en elle la tendance au consentement volontaire.

Mais le bien-être ne constitue pas une conception fixe et définie, il n'a pas une étendue limitée ; il faudrait pour cela que le progrès qui lui donne naissance fût limité à son tour. Or le progrès, nous venons de le voir, marche incessamment.

Dans l'état de barbarie, le bien-être se borne à peu près exclusivement à la satisfaction des besoins de la bête ; il ne va guère au delà de l'assouvissement des appétits animaux ; et, comme son importance est faible, comme il est alors indépendant du mirage des illusions, la femme pourrait au besoin y suffire par elle-même et ne pas le demander à l'homme. Alors ce serait exclusivement par la contrainte qu'il serait donné satisfaction à la loi naturelle.

Les premiers temps de l'histoire de Rome nous en donnent un exemple frappant dans l'enlèvement des Sabines, qui non-seulement furent contraintes dans leur volonté, mais encore arrachées à leur patrie.

Six siècles avant cette époque, nous trouvons dans les annales du peuple d'Israël le récit d'un fait analogue : celui de l'enlèvement par les Benjamites des filles de Silo, pendant les danses de la fête solennelle du Seigneur (voir chapitre XXI du *Livre des Juges*). Au reste, l'histoire de la nation qui s'intitulait le peuple de Dieu abonde en détails sur les faits de la contrainte exercée par l'homme sur la femme ; nous n'y reviendrons pas, ayant suffisamment parlé, dans ce qui précède, des tendances et des mœurs de cette période de l'humanité.

Toutefois, dans notre désir de trouver un adoucissement à tout ce que l'état de barbarie imposerait de

misérable dans la situation de la femme, nous aimons
à croire que, dans cet état de nature primitive où l'intelligence est si peu de chose, où le corps est à peu près
tout, la femme éprouve des besoins charnels plus développés, plus exigeants, qui la poussent vers l'homme.
Ainsi se trouverait diminuée, même dans l'état de
barbarie, la part de la contrainte, et augmentée celle
du consentement volontaire. Ceci ne doit pas d'ailleurs être considéré comme une supposition tout à
fait gratuite, car ce n'est pas autrement que les choses se passent dans le règne animal, si voisin de celui
de l'homme barbare. Incontestablement, la femelle
est soumise, par moments, à des excitations physiques qui la poussent vers le mâle, et qui, sinon dans
la totalité des cas, du moins très-souvent, réalisent
par voie d'attraction passionnelle l'accomplissement
de la loi de la propagation des espèces.

Mais, à mesure que l'état de barbarie s'efface, que
le progrès se développe, il n'est pas d'invention utile
dans le monde matériel, de production remarquable
dans le domaine des arts, dans celui de l'intelligence,
dont chacun de nous ne soit désireux de profiter.
Ainsi, de proche en proche, à mesure que le temps
marche et qu'avec lui la civilisation progresse, le
nombre de toutes les choses qui constituent le bien-
être dans son ensemble augmente de jour en jour, et
la somme de nos convoitises, au point de vue de sa
possession complète, de sa réalisation intégrale, va
sans cesse en grandissant.

Nous en sommes venus à ce point que, dans les dé-
penses de beaucoup de familles, ce qui coûte le plus,
ce n'est pas le nécessaire, c'est le superflu. Et, comme
on ne veut pas ou qu'on ne sait pas renoncer à celui-
ci, la charité devient de moins en moins possible, même
à ceux qui possèdent. D'un autre côté, qui de nous
n'a eu occasion de se convaincre combien cette charité est rarement profitable à celui qui reçoit? Car lui
aussi se laisse trop facilement entraîner vers des sé-

ductions contre lesquelles il devrait courageusement se défendre ; de sorte que c'est au vice que revient très-généralement la plus grosse part de l'aumône.

Je crains qu'on ne prenne trop souvent la question à rebours, et qu'on ne se trompe en pensant que, pour que la charité s'étende, il faut surtout exciter le zèle de celui qui peut donner. C'est plutôt à combattre les penchants vicieux du pauvre qu'on doit s'attacher, et j'aime à espérer que c'est par l'instruction que la transformation s'opérera. Quand nous serons convaincu que le bienfait n'a pas pour destination d'alimenter le jeu, le cabaret, la débauche sous toutes ses formes, tenons pour certain que l'argent viendra en quantité suffisante. La perspective que ce que l'on fait est réellement utile sera toujours la plus puissante des attractions pour les cœurs que l'égoïsme n'a pas desséchés. Malheureusement, il faut le dire, certains gouvernements, et ceux-là ont été bien coupables, se sont appliqués à exploiter la tendance au luxe, qui rend la corruption si facile, plutôt qu'à la maintenir dans de justes limites; aussi la gravité de la situation a augmenté de jour en jour.

Qu'était, je le demande, le bien-être pour nos anciennes aïeules de la bourgeoisie, en comparaison de ce qu'il doit être pour donner une satisfaction, rarement jugée suffisante, à la simple ouvrière de nos jours?

Qu'on me permette un détail dont le souvenir s'éteint tous les jours avec une génération qui achève de disparaître, auquel certains esprits n'attacheront peut-être qu'une faible importance, mais qui me paraît très-caractéristique de la différence des temps; il se rapporte à ce que j'ai vu dans mes jeunes années, qui remontent, à la vérité, aux premières du siècle.

Or voici ce qui se passait chez les familles, je ne dirai pas nobles,—car celles-ci avaient de tout autres idées, de tout autres mœurs ; aussi ont-elles fini par sombrer ; — mais chez les familles aisées, très-aisées, de la bourgeoisie.

Je voyais, enfant que j'étais, et qui ne pouvais juger que sur les apparences, que, dans le salon, dans la chambre à coucher principale, celle de la grande maîtresse du logis ; je voyais, dis-je, que le luxe des fenêtres consistait en une simple tringle en fer apparente, en anneaux d'un cuivre grossier, rugueux et sans éclat ; en une tenture unie de toile primitive, souvent écrue, sans aucune exubérance d'étoffe, s'ouvrant et se fermant par le seul intermédiaire du mouvement naturel des bras. Aujourd'hui, dans un grand nombre de ménages, même peu aisés, ce sont des galeries richement illustrées, des étoffes de soie ou des toiles artistement peintes, toujours employées à profusion, avec plis, replis, baldaquins, fastueuses bordures; ce sont, à droite et à gauche, des bras métalliques ou des bois sculptés ; ce sont des franges, des glands, des embrasses étalant toutes les merveilles de la passementerie ; ce sont, enfin, ces stores élégants où le mat de la broderie le dispute à la transparence de la dentelle.

Voilà ce qu'est devenue cette simplicité primitive de la fenêtre de nos modestes aïeules ; en moins d'un siècle, telles sont les métamorphoses que j'ai vu s'accomplir. Certes, je serais loin de m'en plaindre, si on les avait acceptées avec de moins fougueux entraînements, si on les avait introduites en y apportant des ménagements proportionnellement en rapport avec les états respectifs des fortunes. Mais l'ostentation a d'autres allures, et longtemps encore l'humanité sera plus désireuse de courir après les aveugles enivrements du luxe qu'après les avertissements tutélaires du doit et de l'avoir, qu'après les équilibres de la sagesse.

Quoi qu'il en soit, et sauf à nous expliquer plus tard sur toutes ces questions, prenant les choses comme il faut les prendre, c'est-à-dire pour ce qu'elles sont, nous sommes autorisé à dire que, plus les éléments dont se compose le bien-être, à une époque donnée, sont nombreux, plus aussi sont nombreuses les privations de la créature qui ne le possède pas, et plus aussi sont multiples et exigeantes les aspirations qui poussent à cette possession.

Concluons donc qu'inévitablement, les appétits de l'individu croissant avec la civilisation, plus celle-ci prendra de développement, plus il y aura tendance de la part de la femme à accepter librement, à rechercher même son union avec l'homme, qui, mieux qu'elle et plus sûrement, est en position de donner satisfaction à des désirs dont le nombre et l'ardeur grandissent fatalement avec le progrès.

XV

Nous ne prétendons pas qu'il n'existe pas d'appétits charnels chez la femme.— Exceptions signalées par l'histoire.— Mais ces appétits sont chez elle moins généraux et moins énergiques que chez l'homme.

Est-ce à dire pour cela que nous nous refusons à admettre que la femme ne soit jamais entraînée vers l'homme par un désir sensuel, et qu'en toute circonstance elle cède exclusivement à la seule considération du bien-être que son union avec l'homme doit lui procurer ?

Telle n'est pas notre pensée; nous avons dit, au contraire, que, dans l'état de barbarie, et par conséquent de nature presque primitive, nous aimions à croire que les entraînements passionnels de la femme vers l'homme déterminaient chez elle le consentement volontaire et diminuaient ainsi le nombre des cas dans lesquels la loi naturelle de la propagation de l'espèce ne s'exécutait que par voie de contrainte. Or nous ne nous refusons pas à admettre que ces tendances, révélées chez la femme des premiers temps, ne soient un indice de ce que nous sommes tenus de concéder à la femme civilisée; il nous serait en effet difficile de croire qu'un organisme puisse jamais s'affranchir entièrement des nécessités de sa constitution première.

Nous pousserons même plus loin les concessions, et nous ne nous ferons aucun scrupule de reconnaître que les ardeurs passionnelles, uniquement fondées sur les appétits charnels, peuvent quelquefois s'élever à un très-haut degré chez la femme.

L'histoire nous a dit les irrésistibles entraînements qui étreignaient le corps de Messaline à la vue de la luxuriante musculature des portefaix de Rome ; elle nous a dit aussi ce que furent, dans la tour de Nesles, à une époque plus rapprochée de nous, les concupiscentes et terribles amours d'une de nos reines, Jeanne de Bourgogne. « Elle se tenait, dit Brantôme, à l'hôtel » de Nesles, à Paris, faisait le guet aux passants, et » ceux qui lui revenaient et agréaient le plus, de quel- » que sorte de gens que ce fussent, les faisait appeler » et venir à soy, et, après en avoir tiré ce qu'elle en » voulait, les faisait précipiter du haut de la tour en » bas, dans l'eau, et les faisait noyer. »

Mais, toutes les fois que l'histoire cite des individualités, ce sont d'incontestables exceptions qu'elle signale. Qu'a-t-elle besoin d'appeler notre attention sur les actions, les pensées, les sentiments qui sont le lot ordinaire et naturel de la majeure partie de l'humanité ? Est-ce que ces choses-là, nous ne les savons pas tous ? Non, l'histoire a mieux à faire ; quand elle parle, ce sont les sommités du bien ou du mal qu'elle nous apprend à connaître ; lorsque, en matière de moralité surtout, elle transmet des noms et des actes à la postérité, ce sont ceux des génies supérieurs ou des grands scélérats.

Ce que nous a appris l'histoire à ce sujet, ce sont donc des hors-d'œuvre dans la création. Si de telles convoitises existaient dans les habitudes naturelles, journalières et constitutives de l'organisme féminin, comme elles existent chez l'homme, elle n'aurait certes pas pris souci de les accueillir, de les signaler, de les flétrir dans les récits qu'elle nous a légués sur les faits humanitaires.

Nous admettons donc que Dieu n'a pas refusé à la femme des sentiments sympathiques et sensuels pour l'homme ; que les seules considérations du bien-être acquis par son union avec lui ne sont pas son mobile exclusif ; mais nous disons et nous espérons prouver que, certainement, les appétits sont moins nombreux et moins intenses chez la femme que chez l'homme.

Il semble, au premier abord, qu'en consultant la femme on pourrait s'éclairer à ce sujet ; mais c'est là une pure illusion, et la femme ne vous apprendrait que ce que vous êtes en mesure d'apprécier directement par vous-même.

Ceci me rappelle une anecdote que le lecteur voudra bien me permettre de lui raconter en quelques mots. Je voyageais en chemin de fer avec un ami doué de beaucoup d'intelligence, très-pratique, fort peu idéaliste. Un coup de vent introduisit subitement dans notre wagon un nuage de poussière brûlante, venant du foyer de la machine ; nos yeux furent atteints, et il n'était que trop visible que nous éprouvions l'un et l'autre de vives douleurs. Sous l'influence d'une indicible émotion, mon ami ne put s'empêcher de s'écrier : « Mais dites-moi donc si vous souffrez autant que moi ? » Il est bien évident que cette question n'était nullement réfléchie : c'était la crise douloureuse du corps qui l'avait involontairement provoquée ; l'intelligence, paralysée en ce moment, n'y était pour rien. La brûlure ou, pour mieux dire, le sentiment seul de la brûlure avait parlé. Ce sentiment, confrère du mien par la cause, indiquait que je souffrais ; mais, dans son paroxysme inconscient de toute réflexion, il avait été poussé à ce point d'exigence, qu'il insistait pour connaître le degré respectif de nos deux martyres. La réponse à cette question, ai-je besoin de le dire, était impossible ; car ce qui se rapporte à la mesure des plaisirs et des souffrances que nous éprouvons est tellement isolé dans chaque individu, tellement personnel, si peu transmissible

4

d'une âme à l'autre, que les moyens d'appréciation comparative nous échappent complétement.

Remarquons en effet que, s'il existe des signes extérieurs apparents, facilement révélateurs des diverses sortes d'émotions, soit pénibles, soit agréables, que nous ressentons, là s'arrête la puissance de manifestation de ces signes, qui ne sont que de simples symptômes. Cette puissance ne va pas jusqu'à particulariser, d'une manière infaillible, les degrés précis que le plaisir ou la souffrance atteignent chez chacun de nous, et encore moins la nature spéciale des causes qui ont produit et développé l'émotion.

Aussi, lorsque quelqu'un se présente à nous riant ou pleurant, nous saurons bien que cette personne est heureuse ou affligée; mais, quant au degré réel d'intensité, quant au point de départ de ce bonheur ou de cette tristesse, il nous sera impossible de rien préjuger, et, si nous voulons savoir davantage, nous ne pourrons qu'adresser à cette personne la phrase interrogatoire ordinaire : Qu'avez-vous ?

C'est pour cela que je disais que ce que nous apprendrait la femme interrogée sur les impressions qu'elle éprouve, nous sommes parfaitement en mesure de le connaître nous-même; car la femme, pas plus que tout autre, n'a aucun moyen de préciser la mesure exacte de ce qu'elle ressent intérieurement; elle ne peut que vous donner des indications générales. Or, ces sortes d'indications, les signes extérieurs vous disent assez ce qu'elles sont.

Si, en effet, dans l'acte de la procréation, la femme ne joue pas le rôle de comédienne, vous ne tarderez pas à savoir si les sentiments qui l'agitent sont ceux de la répulsion, de l'indifférence ou de la sympathie.

Mais aller au delà est bien difficile. Connaître jusqu'à quel point la corde est tendue chez elle, et si elle l'est plus ou moins que chez une autre; savoir jusqu'à quel degré la corde qui agit est sensuelle, sentimentale, dictée par la considération du devoir, par celle de devenir mère ou tout autre, ce sont là des nuances que les signes extérieurs sont peu propres à nous révéler, et d'autant plus difficiles à saisir qu'elles peuvent souvent se trouver cumulées et se confondre dans un même acte. A cet égard, on peut dire que tout est presque aussi clair chez l'homme que mystérieux chez la femme.

Concluons donc que c'est à un tout autre ordre de considérations que celui des apparences extérieures qu'il faut avoir recours, si l'on veut s'éclairer sur l'intensité respective des appétits sensuels chez les deux sexes. Pour s'instruire à ce sujet, c'est dans l'essence même des êtres comparés qu'il faut pénétrer; ce sont les conditions constitutives de leur organisme qu'il faut étudier; ce sont la nature et les résultats des missions qui leur sont spécialement confiées qu'il faut interroger. En un mot, la solution de la question est d'ordre essentiellement rationnel.

Aussi, lorsque nous affirmons que certainement les appétits sensuels sont moins nombreux et moins intenses chez la femme, nous le disons, non pas parce que nous en jugeons seulement d'après certaines apparences, mais surtout parce que nous nous appuyons sur cette considération que, selon les vues de la Providence, manifestées par la diversité des organismes et des fonctions, un tel développement n'est pas nécessaire; en second lieu, parce que, eu égard aux exigences sociales, les résultats de ce développement seraient un danger.

Nous ajoutons que la nature de la sympathie que ces appétits représentent chez la femme, sans faire complétement abstraction des apparences, se rapporte encore moins à la forme du corps qu'à la valeur intellectuelle ou morale de l'individu; et en cela, loin de rabaisser la femme, nous entendons l'honorer. Or c'est le contraire de ce qui se passe dans l'homme, pour lequel, nous l'avons vu, l'influence des formes extérieures, sans être, j'en conviens, exclusive de tout autre espèce de sympathie, est toujours et nécessairement prédominante.

C'est ce que je vais maintenant essayer de démontrer, tout en souhaitant d'ailleurs à chacun de mes lecteurs, et de devenir, s'il ne l'est déjà, l'appui de la femme aimée, et d'être en même temps l'objet préféré des prédilections de sa compagne ; car c'est là le type heureux par excellence des unions terrestres.

XVI

Justification des assertions précédentes au point de vue de la spécialité des organismes de chacun des membres du couple procréateur.

Nous ne saurions avoir de la Providence l'idée que, dans ses créations, elle se complaît, d'une part, à ne pas accorder tout ce qui est nésessaire; d'autre part, à prodiguer ce qui est inutile.

Nous devons croire, au contraire, que le Créateur de toutes choses, que le Suprême Directeur des lois qui régissent les mondes matériel, intellectuel et moral, a tout combiné avec harmonie et sagesse, et par conséquent dans la mesure précise de tous les besoins, sans excès comme sans insuffisance. Dès l'instant où nous reconnaîtrions que cette mesure est dépassée, dans un sens ou dans un autre, nous constaterions pénurie ou surcroît, et par conséquent absence de cette intelligence supérieure sans laquelle nous ne saurions comprendre Dieu.

Cela posé, nous avons vu que l'organisme de l'homme est tel que, sans le désir de la possession de la femme, il ne lui serait pas possible de satisfaire à la loi de la propagation de l'espèce. Dès lors, ce désir, Dieu doit le lui avoir donné, et c'est ce qui a été fait; mais il ne devait évidemment être permis à ce désir de naître et de se développer qu'au moment où l'organisme, qui est loin d'être complet à l'origine, et dont la formation passe par des phases successives : qu'au moment, disons-nous, où cet organisme est lui-même préparé pour la procréation. Là était en effet la sagesse : le désir anticipé eût été une atteinte portée à l'accomplissement régulier dans toutes ses conditions voulues, soit physiques, soit passionnelles ; le retard eût été un ajournement non justifié à l'accomplissement de la loi providentielle. Et en ceci, encore, nous constatons une remarquable concordance entre le physique et le passionnel.

L'organisme de la femme, à une certaine époque de sa vie, devient apte, à son tour, à la conception ; mais nous savons qu'il y a cette différence entre elle et l'homme, qu'à partir de cette époque, il n'est pas nécessaire qu'il y ait désir de sa part pour que l'enfantement ait lieu. De là cette conséquence que le désir était inutile, et qu'au point de vue du fait en lui même, la femme a pu s'en passer.

Que si cependant à d'autres égards, ce que nous ignorons, car nous sommes loin de connaître tous les desseins providentiels, il a été jugé utile qu'il fût fait don à la femme d'un tel désir, lequel, qu'on veuille bien le remarquer, se rapporte exclusivement au rapprochement des sexes , il nous paraît bien difficile de ne pas admettre que sa mesure a dû être beaucoup plus restreinte pour la femme, puisque, en ce qui concerne les conséquences essentielles de ce rapprochement, cette mesure aurait pu, en toute rigueur, être nulle pour elle.

Il nous semble donc qu'en donnant à la femme des appétits sensuels égaux à ceux de l'homme, le but aurait été dépassé, puisque, la femme possédant un organisme qui ne les exige pas, nous serions raisonnablement autorisés à voir un manque de sagesse dans tout ce que semblerait présenter de superflu une telle répartition.

En résumé, au point de vue de la propagation de l'espèce, l'homme ne peut se passer du désir de posséder la femme; il doit donc en avoir été pourvu dans

toute sa plénitude ; tandis que la femme, pouvant se
passer du désir charnel de posséder l'homme, ne doit
en éprouver le besoin qu'à un degré moindre, et doit
surtout obéir à des incitations d'une autre nature.
Nous dirons tout à l'heure ce qu'elles sont.

Voilà ce qu'il nous paraît logique d'admettre; et c'est
par ce motif que nous avons dit, dans ce qui précède,
qu'un grand développement des appétits sensuels chez
la femme nous paraîtrait, au point de vue providentiel, une inutilité et, par conséquent, un manque de
sagesse.

Nous verrons, dans la suite, combien cette conclusion, que nous ne déduisons ici que de la seule considération de la diversité des organismes, est en parfait accord, d'une part avec la nature des fonctions
de la maternité, d'autre part avec le principe de la
conservation des êtres créés, et enfin avec les conditions de la protection tutélaire qui doivent assurer à
la famille sa part légitime de bien-être. Mais, avant
d'aborder ces différents sujets, nous avons à présenter quelques observations préliminaires.

XVII

**Il ne sufit pas, pour que la propagation de l'espèce
soit assurée, qu'il y ait procréation.—Il faut encore qu'il y ait conservation de l'être créé. —
Généralité du principe de conservation dans
toute la nature vivante.**

On ne se ferait qu'une idée très-imparfaite de la
loi de la propagation de l'espèce, si l'on n'y voyait
deux choses non moins nécessaires l'une que l'autre,
et qui, bien constatées et bien comprises toutes deux,
jettent une vive lumière sur l'ordonnancement général des faits sociaux et sur la répartition des sentiments humanitaires entre les deux sexes.

La première de ces deux choses, c'est le fait, l'acte
même de la procréation.

Nous nous sommes appliqué, dans ce qui précède, à en analyser d'abord toutes les conditions naturelles au point de vue de l'état physique des deux organismes, ensuite les sentiments et les tendances qui, dans la perpétration de l'acte, doivent animer les deux sexes pour qu'il y ait accord entre l'état des choses créées et les mobiles passionnels qui président à cette perpétration. Nous avons vu, en même temps, comment le progrès social, loin de nuire à toutes ces corrélations, les maintient au contraire et les harmonise.

La deuxième de ces choses concerne la conservation de l'être procréé. Il est évident en effet que, si cette conservation n'était pas assurée, la propagation de l'espèce ne le serait pas davantage. Si le hasard seul était toute la loi du principe conservateur, le résultat final de l'acte se présenterait évidemment à nous sans garantie certaine des réalisations attendues. Il serait donc grandement permis de douter de sa nécessité et, par conséquent de la sagesse providentielle qui l'a imposé.

Aussi, dans la nature entière, le principe de la conservation des êtres créés est-il général.

Dans le règne végétal, la graine à laquelle la plante donne naissance recèle dans son sein le germe reproducteur, toujours défendu par une enveloppe protectrice contre les actions offensives du dehors. Cette enveloppe ne disparaît que lorsque l'acte de la germination va se produire. Alors, par une admirable prévoyance, elle se détache d'elle-même, donnant ainsi passage aux sucs nourriciers de la nouvelle vie qui se prépare.

Dans le règne animal, la mère veille avec une constante sollicitude à la conservation de ses petits. Le mâle, à son tour, suivant les espèces et dans la proportion de la plus ou moins grande difficulté de l'approvisionnement, apporte à la mère et à la petite famille sa part de nourriture.

Chez les végétaux, ce n'est pas la plante productrice de la graine qui est appelée à remplir elle-même la mission conservatrice. Comment le pourrait-elle, puisque le plus souvent elle meurt après la maturation, que d'ailleurs ses fonctions actives s'éteignent sous l'influence de son sommeil annuel, qu'enfin la graine se détache du corps de la plante, et, emportée loin d'elle, soit par les courants aériens, soit par les eaux de pluie qui coulent à la surface du sol, ne saurait germer sous sa protection? Aussi est-ce de son vivant même que la plante donne au germe tous les moyens de défense nécessaires, et leur séparation n'a lieu, comme nous venons de le dire, que lorsque l'être créé possède désormais les éléments propres à sa conservation et à son développement. Les végétaux trouvent, en effet, tous ces éléments sur le point même du sol où ils sont placés au moment où ils prennent naissance ; ils n'ont pas besoin d'aller les rechercher ailleurs. Aussi ne possèdent-ils pas la faculté de locomotion ; ou, si l'on veut, parce que la nature leur a refusé cette faculté, il a été nécessaire que, là où la plante surgit, elle trouve tout ce qui doit concourir à l'entretien de sa vie.

Des choses analogues se passent pour ceux des animaux qui, mourant immédiatement après la ponte, sont dans l'impossibilité de protéger et d'élever leurs générations. Citons, pour rendre compte de ces faits, les explications textuelles d'un savant entomologiste :

« L'instinct, dit M. Goureau, est une force inté-
» rieure, un penchant irrésistible, qui pousse les ani-
» maux à exécuter invariablement, et sans instruc-
» tion préalable, les principaux actes de leur vie. Les
» insectes offrent de nombreux exemples d'instinct,
» et, parmi ces petits animaux, c'est chez les hymé-
» noptères qu'on remarque les plus frappants. On
» peut citer la nombreuse famille des fouisseurs,
» dont la femelle, chacune selon son espèce, creuse,
» dans la terre ou dans le bois mort, une galerie au

» fond de laquelle elle pratique une ou plusieurs cel-
» lules ; elle remplit chaque cellule avec une espèce
» particulière d'insecte, ou de larve, ou d'araignée,
» qu'elle saisit dans la campagne, qu'elle blesse de
» manière à la mettre dans un état de torpeur qui
» l'empêche de remuer, sans cependant lui ôter la
» vie ; elle pond ensuite un œuf sur la provision dé-
» posée dans chaque cellule, qu'elle ferme soigneuse-
» ment et exactement, et meurt après avoir achevé
» sa ponte. Les œufs éclosent : les jeunes larves se
» nourrissent des provisions toujours fraîches et vi-
» vantes qu'elles trouvent autour d'elles, prennent
» leur accroissement, s'enferment dans un cocon de
» soie, se changent en chrysalides, et l'insecte par-
» fait s'échappe de son nid de dix à onze mois après
» la mort de sa mère, qu'il n'a pas connue, dont il n'a
» pu rien apprendre, et va construire un nid sem-
» blable au sien, approvisionné d'insectes de la même
» espèce. Les mêmes actes se sont perpétués de gé-
» nération en génération, depuis l'origine du monde. »

A l'inverse de ce qui se passe chez le végétal et
chez les espèces hyménoptères, les autres animaux
ne trouvent pas immédiatement auprès d'eux leur
subsistance ; il faut donc qu'ils aillent la chercher ;
aussi la faculté de locomotion leur a-t-elle été donnée ; mais, pour l'exercer, ils doivent avoir acquis la
force nécessaire. Voyez l'animal à sa naissance : c'est
à peine si ses jambes peuvent soutenir son corps.
Dans les premiers temps, non-seulement la course,
mais la marche lui est interdite ; il ne peut que ram-
per. Il ne saurait donc chercher sa nourriture ; la trou-
verait-il, qu'il lui serait impossible de l'appréhender,
de la porter, de la triturer ; aussi la nature a-t-elle
placé auprès de lui un être protecteur et nourricier,
qui, aux premiers jours de la naissance, veille sur
lui, le défend, l'instruit et l'alimente. D'ailleurs, les
progrès de son développement sont rapides. Comme
il n'éprouve que des besoins matériels et limités, et

qu'il a reçu l'instinct nécessaire pour y satisfaire, il lui suffit d'acquérir la force physique ; après quoi, suffisamment pourvu par lui-même, les soins protecteurs lui sont inutiles. Or, la nature ne faisant jamais rien de trop, sa mère l'abandonne alors sans regret, parce qu'elle sait qu'il possède tout ce qu'il lui faut pour se suffire. A partir de ce moment, le rôle maternel est accompli chez l'animal.

XVIII

Importance de la conservation et de la protection dans l'espèce humaine. C'est à la mère que la mission protectrice du premier âge a été dévolue.

Pour l'homme, ce que nous venons de dire ne suffit pas ; et, parce qu'il y a chez lui autre chose que la nature bestiale, la protection qu'il réclame est plus étendue et d'un ordre plus élevé. Mais n'anticipons pas, et bornons-nous d'abord à la considération des seuls besoins matériels.

Au point de vue de son corps, l'homme éprouve les mêmes besoins que l'animal. Aussi, dès sa naissance, trouve-t-il les soins protecteurs nécessaires. Mais, dira-t-on, auquel des deux membres du couple procréateur faudra-t-il surtout en demander l'accomplissement ? La réponse à cette question est aussi naturelle que facile ; car, outre que l'homme, qui doit faire vivre la famille, est absorbé par les occupations que lui impose cette tâche, quelquefois si lourde, quel est, demanderons-nous, le plus indispensable de ces soins ? N'est-ce pas celui de l'alimentation ? Or auquel des deux la nature a-t-elle accordé le fluide nourricier ? A la femme incontestablement. L'organisme, on le voit, s'est chargé de faire la réponse, et nous apprécierons bientôt quels sont les sentiments passionnels qui doivent se trouver en concordance avec cette fonction physiologique.

Mais, avant, qu'il me soit permis de m'arrêter un instant sur cette mission de la femme, considérée dans son origine, et de présenter une observation qui nous fera admirer une fois de plus la haute sagesse qui a présidé à la création de toutes choses.

Lorsque l'organisme de la femme n'est pas encore apte à la procréation, l'existence, en elle, de fluides nourriciers serait une évidente superfétation ; elle devient, au contraire, une nécessité de premier ordre et de tous les instants, lorsque la femme est parvenue à cette importante phase de la vie. Car, dès lors qu'il lui est permis de concevoir, rien ne doit manquer de ce qui est obligatoire, pour que la conception porte ses fruits.

Que se manifeste-t-il alors? Le phénomène remarquable de la production de ce liquide nourricier. Mais, tant que la conception n'a pas lieu, la fonction alimentaire du fluide n'ayant pas à s'exercer, celui-ci s'échappe du corps de la femme comme une substance momentanément superflue et dont, d'ailleurs, l'agglomération pourrait devenir nuisible.

Mais, du moment où la femme a conçu, parce qu'il y aura désormais deux êtres à alimenter, au lieu d'un seul, tout échappement extérieur s'arrête et rien ne se perd.

Ensuite, l'enfantement ayant eu lieu et l'alimentation intérieure cessant désormais, le fluide surabondant reparaît à l'extérieur et il s'y présente sous deux apparences, savoir: en partie sous forme sanguine, comme précédemment, — car la nature doit toujours être prévoyante pour l'avenir, pour une nouvelle conception devenue possible; — en partie sous celle de ce lait qui constitue la nourriture essentielle de l'être nouvellement venu au monde.

On le voit donc, de tous ces faits, de cette organisation qui a si bien su tout prévoir, qui porte avec elle les plus remarquables enseignements, quelle autre conclusion pouvons-nous tirer, sinon que la mère est la conservatrice, la protectrice née de l'enfant. Cette mission si utile au monde, si douce pour le cœur de la femme, la nature elle-même l'a confiée à ses entrailles, elle l'a écrite sur ce sein ou l'instinct de l'enfant bien-aimé vient chercher et trouver la vie.

Ne négligeons pas de remarquer encore, que si c'est au plus faible des deux membres du couple procréateur que la nature a confié la mission de protéger la faiblesse de l'enfant, c'est qu'il s'agissait ici moins encore des énergies de la force que des inspirations de la sollicitude. Or il était rationnel que ce fut à celui qui connaît mieux, par lui-même, les conséquences de la faiblesse et en apprécie plus sûrement tous les périls que la mission protectrice fut dévolue.

Plus on se sent insuffisant pour se défendre contre un danger, plus on s'ingénie à trouver les moyens de l'éviter. Que serait, sans cela, la prévoyance divine ? Aussi, là ou la force succombe souvent, parce qu'elle peut être entraînée par les imprudences d'une aveugle témérité, la faiblesse, moins confiante au contraire, triomphe, parce qu'elle sait se protéger par l'énergie de la prévoyance.

XIX

Les exigences multiples de l'éducation première de l'enfant sont en opposition avec un grand développement des appétits sensuels dans l'organisme féminin. Chez la mère, le sentiment de l'amour du nouveau-né domine et subjugue toutes les autres passions.

Chez l'homme, l'éducation première du corps est beaucoup plus minutieuse et plus longue que chez l'animal : cela tient à ce que son organisation est plus perfectionnée, et que, plus il y a de détails dans un mécanisme, plus doit être long l'apprentissage nécessaire pour obtenir son fonctionnement régulier et complet.

Au lieu de quatre appuis sur le sol, l'homme n'en a que deux:

« Os homini sublime dedit »,

a dit le poëte.

Il faudra donc que l'enfant attende plus longtemps la force nécessaire pour supporter le poids de son corps ; il devra aussi posséder le degré d'équilibre qui permettra à ce corps son maintien dans la position verticale ; il devra enfin apprendre comment ses jambes doivent se mouvoir pour que le corps se transporte dans une direction donnée. Il faut, de plus, qu'il s'exerce au fonctionnement de ses dix doigts, qui lui seront si nécessaires dans l'exercice de la vie, et que, pour chaque usage qu'il en voudra faire, il apprécie les dispositions à leur donner et le degré de force impulsive correspondant à cet usage. Il mettra plus de temps à acquérir la connaissance correcte de la vue, de l'ouïe, de tous les sens en un mot, appelés à lui rendre plus de services qu'à l'animal. Enfin, il devra s'initier aux premières leçons du langage articulé, qui lui donne les moyens de se mettre en communication avec ceux qui l'entourent et lui permet de leur faire comprendre ses propres impressions.

Aussi que de soins minutieux ne faut-il pas prodiguer à l'enfance ! Que d'exigences n'impose-t-elle pas ! Quelle dépense de forces morales et physiques ne faut-il pas faire pour la diriger dans le labyrinthe des péripéties de la vie !

Et l'on voudrait, lorsque, pour une telle mission, toutes les cordes du dévouement sont en vibration chez la femme ; lorsque, à l'apparition du plus léger mal chez l'enfant, le cœur de la mère est déchiré par les plus cruelles angoisses; lorsque l'abnégation de soi-même doit être poussée à ses dernières limites ; on voudrait, disons-nous, que la passion pour la possession de l'homme vînt l'éteindre à son tour, user ce qu'il lui reste de ressorts, la subjuguer et définitivement l'abattre! Non, les choses ne peuvent se concevoir ainsi ; nous ne saurions admettre un concours de sentiments passionnels s'acharnant, pour ainsi dire, tous les deux à énerver et à briser les forces de l'individu, l'empêchant ainsi de remplir, au degré voulu, l'une et l'autre de ces missions, les compromettant au contraire, et, par l'exubérance même de la passion, les annihilant toutes deux dans l'utilité de leurs résultats. Plus j'y réfléchis, plus je me refuse à croire que Dieu ait voulu, qu'il ait pu établir en principe un tel ordre de choses.

Refusons donc à la femme ce désir excessif de la possession, si impérieux, si indispensable pour l'homme, mais que la constitution organique de la femme nous apprend lui être à la rigueur inutile, et qui serait si compromettant pour la mission conservatrice qu'elle a à accomplir. Abandonnons-lui en échange, dans toute sa plénitude, dans toute sa puissance et dans toutes ses joies, le sentiment de l'amour maternel, avec lequel elle sera amplement dédommagée de tout le reste. Ce qu'il lui faut à elle, et avant tout et toujours, c'est son enfant. Reconnaissante d'ailleurs et soumise envers l'homme qui l'a rendue mère et qu'elle a librement accepté, un jour elle pourra se donner sensuellement à lui, si Dieu le veut. Or Dieu, qui est la justice même, le permettra d'autant plus que l'homme, de son côté, aura mieux accompli les devoirs qu'il a contractés en s'unissant avec sa compagne. Et sachons bien qu'il n'est rien d'impossible à la reconnaissance de la femme.

Ajoutons, en terminant, que ce que nous disons ici de la mère après l'enfantement, nous pouvons le dire, avec non moins de vérité, pour le temps de sa grossesse ; car nous savons combien sont nécessaires à la conservation de l'être conçu le calme d'esprit et de corps, la scrupuleuse observation d'un régime spécialement approprié au nouvel état de la femme, l'absence de désirs exagérés, et surtout celle des entraî-

nements passionnels, à quelque catégorie de sentiments qu'ils se rapportent.

XX

**Les soins à donner aux enfants ne cessent pas
avec le premier âge; ils se poursuivent jusqu'au
temps de la puberté et du mariage ; et, comme ils
incombent principalement à la mère, leurs exigences sont exclusives de l'idée que la femme
puisse être en même temps dominée par l'effervescence des appétits sensuels.**

Complétons maintenant ce que nous avons à dire
sur les soins à donner à l'enfant.

Pour l'homme, tout n'est pas fini, il s'en faut, lorsque
l'éducation matérielle du corps est à peu près termi-
née. A l'animal, il a suffi que ses membres aient acquis
un certain degré de développement et de force; après
quoi il est suffisamment aidé, pour les actes qu'il a à
accomplir, par les impulsions d'un instinct qui le di-
rige et auquel il obéit machinalement.

Mais il n'en est pas ainsi de la créature humaine.
Après s'être occupé de toutes les exigences de sa vie
matérielle, il faut s'appliquer à l'éducation de son intelligence; il faut l'instruire de ses obligations morales et lui apprendre comment il doit faire usage de
son libre arbitre pour pratiquer le bien et éviter le
mal.

Ici les soins cumulés du père et de la mère ne sont
pas de trop ; car il ne suffit pas seulement de la conservation du corps, qui d'ailleurs ne doit pas être per-
due de vue un seul instant : il s'agit de l'œuvre, bien
plus importante, de l'éducation de l'âme intelligente,
de son perfectionnement par la pratique de toutes les
vertus. Mais dans cette coopération si importante du
mari et de la femme, c'est toujours à la mère qu'in-
combe la tâche la plus lourde, la plus assujettissante.

Dans nos familles de la bourgeoisie médiocrement

favorisées par la fortune, n'est-ce pas elle qui, le plus souvent, enseigne les éléments de la lecture, de l'écriture, de la musique ? N'est-ce pas elle qui est préposée à régler l'emploi du temps, à la récitation des leçons, à veiller à ce que les devoirs soient faits ? N'est-ce pas la mère qui a pour mission de redresser les écarts du caractère et de subir les premiers chocs de toutes ses imperfections ; qui, pour la conduite à tenir dans le monde, doit s'appliquer à donner des indications sur ce qu'il convient de faire et de ne pas faire, qui enfin est chargée d'inculquer dans la jeune âme les premières notions morales du juste et de l'injuste ?

Si, lorsque les garçons entrent en pension, elles sont moins occupées pour eux, les soins qu'elles doivent donner aux filles se poursuivent presque jusqu'à l'époque du mariage ; et alors s'ouvre pour elles la perspective, traversée d'inquiétudes nouvelles, que, dans moins d'un an, en leur qualité de grand-mère, elles auront à recommencer en partie, pour leurs petits-fils, la tâche qu'elles ont accomplie pour leurs propres enfants.

En présence de telles obligations, si pénibles, si prolongées, si impérieuses, qui exigent tant de dévouement, tant d'abnégation, tant d'énergie, tous les ressorts de la vie n'auraient-ils par été brisés si des amours autres que celui de la maternité étaient venus jeter leurs irrésistibles entraînements dans le cœur et dans les sens de la femme ? Encore une fois, répétons-le, il n'est pas possible que Dieu ait voulu écraser la créature sous les poids cumulés de tant d'exigences passionnelles. Et il ne l'a pas fait, parce que, s'il en eût été ainsi, il me semble que la conservation des êtres créés eût été gravement compromise, leur éducation première non moins gravement oblitérée, et que, par conséquent, Dieu lui-même aurait rendu impossible l'établissement de tout ordre social simultanément perfectible et par la propagation de l'espèce et par le progrès.

Et encore, dans toutes les charges, dans tous les soucis qui incombent à la mère, n'ai-je pas parlé des brusqueries de l'enfant, de ses folles exigences, de ses révoltes si fréquentes, de ses désespoirs plus pénibles encore, de ses tendances au bouleversement, à la destruction de tout ce qui l'entoure. Je m'arrête..... Qui sait?.... tout cela est peut-être nécessaire à l'apprentissage de la vie ; peut-être aussi est-ce l'application aux parents du principe de certaines expiations.

Si les enfants n'étaient pas des démons, me suis-je dit bien souvent, où donc serait le mérite des anges qu'on appelle leurs mères ?

XXI

Atteintes profondes qui seraient portées au principe et à la constitution de la famille par un développement exagéré des appétits sensuels chez la femme.

Après avoir passé en revue, comme nous venons de le faire, les nombreuses fatigues, les implacables sujétions qu'imposent à la femme les fonctions de la maternité, et avoir reconnu qu'elles sont inconciliables avec un trop grand développement de la sensualité, présentons quelques considérations sur les dangers qui, au point de vue social, résulteraient du désir exagéré de la femme pour la possession de l'homme.

Qui ne voit, s'il en était ainsi, que le nombre des cas où la femme faillirait à ses devoirs deviendrait excessif? et, comme à chaque chute une nouvelle naissance s'introduirait dans la famille, la femme extorquerait ainsi au mari, et en faveur d'êtres qui lui sont étrangers, une part des ressources que le pacte d'union a exclusivement réservé aux enfants légitimes.

Certes, je n'ignore pas que, de nos jours, on constate

quelquefois des actes d'inconduite chez la mère de famille, et je ne peux que le déplorer. Mais je ne crains
pas d'affirmer que le mal est plus limité qu'on ne le
croit généralement, et que de certains faits particu-
liers on tire des conclusions trop absolues; nous nous
engageons à en fournir la preuve. Aussi j'incline à
penser qu'il est possible de se défendre contre lui,
soit qu'il provienne de la femme mariée, soit qu'il
émane de la jeune fille, moins encore par des moyens
extrêmes et violents que par de sages avertissements,
par de compatissants témoignages d'intérêt, et surtout par l'ingénieuse et féconde intervention de la
charité.

Cédant à des sentiments que je ne saurais condamner au point de vue de la pureté des intentions, mais
qui ne sont peut-être pas assez réfléchis, certains
esprits, sans se rendre un compte exact des causes
diverses qui peuvent agir dans ces circonstances, ont
parlé de séparation, de divorce, de dissolution de
mariage. Or, au point de vue du sujet qui nous
occupe, ces mesures radicales nous paraissent médiocrement nécessaires. Peut-être même faudrait-il
plutôt les considérer comme dangereuses, parce que,
assez souvent, en regard d'une faible part d'amélioration espérée, elles viennent, à d'autres égards, jeter
dans le monde de profondes perturbations.

Si, dans le mariage, nous n'avions à considérer que
deux choses, les époux, les conséquences de l'inconduite, de l'incompatibilité, seraient faciles à régle-
menter; mais il y a une troisième chose: les enfants.
Or c'est la considération du sort qui devra être assuré
à ceux-ci qui, après mûre réflexion, a mis à jour les
plus sérieuses difficultés.

Tant que nous serons dans un état social où l'avenir des êtres issus du mariage dépendra uniquement
des actes, de la conduite, de la prévoyance des parents, ce qui n'est malheureusement que trop aléa-
toire; tant que la société ne s'établira pas garante de

cet avenir, il pourrait être fort imprudent d'autoriser trop facilement entre époux des séparations qui, permettant d'autres procréations, ne feraient que confirmer l'état malheureux des enfants premiers-nés. Cela ne se voit que trop souvent dans les veuvages auxquels succède une deuxième union.

Il n'est aucun de nous, à coup sûr, qui ne comprenne que, dans l'intérêt de tous, il ne pourrait être que très-utile que cette idée de garantie sociale en faveur des enfants, après avoir pénétré dans les esprits, s'implantât et fût solidement constituée dans notre civilisation. Elle y féconderait les germes puissants de la justice distributive et donnerait un immense développement au principe de la solidarité humaine. Mais le problème est des plus ardus; car, comme tout s'enchaîne ici-bas, non-seulement il vise la question du mariage, mais il touche encore à celle, non moins importante, non moins difficile, de l'hérédité. Or, tant que ce problème ne sera pas résolu, nous ne devrons chercher à réformer qu'avec beaucoup de prudence, et il sera sage de supporter quelques inconvénients dont la mesure n'est pas excessive, pour éviter, comme dit le proverbe, que, par trop de précipitation, la peur d'un mal ne nous fasse tomber dans un pire.

Revenant maintenant de ces vastes sphères de l'avenir à celle plus restreinte des réalités actuelles, nous dirons que ce qui nous paraît certain, c'est que, dans l'hypothèse d'appétits sensuels très-développés chez la femme, le mal, dès à présent, aurait pris une telle extension, qu'il deviendrait dominant dans le monde social et qu'il faudrait soumettre les rapports des sexes à une législation tout autre que celle qui, en somme, paraît convenir à l'état actuel de la civilisation. Heureusement, nous le répétons, le mal est limité, et de cette limitation même nous croyons être en droit de conclure que le désir sensuel que peut avoir la femme de posséder l'homme n'a rien d'exagéré ; qu'en général il est remplacé, chez elle, par des sentiments d'une tout autre nature, et, par-dessus tout, par celui de la maternité, qui est le plus apparent et le plus essentiel apanage de son organisme.

En étudiant de près les faits sociaux, nous avons de puissantes raisons de penser qu'à quelques exceptions près, les fautes qu'à ce sujet on peut reprocher à la femme ont surtout pour cause très-déterminante le délaissement et l'inconduite de certains maris, la diminution de bien-être et les privations qui en sont l'inévitable conséquence pour la famille, plus encore qu'un excès de tempérament chez leurs femmes.

Comprenez-vous tout ce qu'il doit y avoir de poignant pour le cœur d'une mère, lorsque les entraînements et les désordres de l'époux atteignent de tels degrés qu'ils deviennent le présage infaillible de la diminution croissante, de la cessation même des ressources les plus indispensables pour la conservation de la famille ; lorsqu'ils arrivent à ce point extrême de mettre en évidence l'absolue impossibilité de se procurer le pain de chaque jour ? Trop heureuse alors la femme qui n'a pas d'enfants autour d'elle ! Mais, si elle en a, s'il ne lui reste plus rien pour satisfaire à leurs besoins les plus criants, si elle se voit désarmée en présence de l'être qui sent que l'élément vital se retire de lui ; si, à la voix du fils qui n'a plus de force que pour demander du pain, elle ne peut répondre que par cet arrêt de mort : Je n'en ai pas ! oh ! plaignez-la sincèrement, la malheureuse ! plaignez-la du profond de votre âme ; comprenez alors la possibilité d'une chute, et sachez absoudre une faute par laquelle la femme, s'offrant en holocauste pour la famille, consent à s'imposer pour elle-même tous les supplices d'une ignominie dont elle n'a que trop compris que les nécessités doivent primer les hontes.

Je l'ai dit dans une autre circonstance, et, mettant vos âmes en communion avec la mienne, puissiez-vous le penser et le redire avec moi :

> De notre humanité je connais la faiblesse,
> Et n'ai pas pour le vice une folle tendresse.
> Comme vous, je prétends que l'astuce et l'orgueil
> Sur l'océan humain dressent plus d'un écueil.
> J'ai pu voir comme vous les suites téméraires
> Où conduisent du jeu les flottantes enchères,
> Et trop souvent mon âme a sondé les douleurs
> Que fait naître ici-bas l'âpre soin des honneurs.
> Mais, juge intolérant, à ces tristes victimes,
> Soit de leurs passions, soit même de leurs crimes,
> Ne réserverez-vous que votre inimitié,
> Et pour ces malheureux serez-vous sans pitié ?
> Hélas ! au fond du vice, il est plus d'un mystère ;
> La faim, vous le savez, funeste conseillère,
> Au cœur de l'affligé jetant le désespoir,
> Cache sous ses besoins la ligue du devoir.
> Pour le bonheur d'un fils, la tendresse du père
> Se résigne à subir la honte du faussaire ;
> Et, pour rendre à sa mère un bien qu'elle a perdu,
> L'enfant a quelquefois escompté sa vertu.

(Extrait de *Médisance et Candeur*.)

Le lecteur, nous l'espérons, ne se trompera pas sur la nature des sentiments que nous avons voulu exprimer dans ces lignes. Ce n'est pas une triste apologie du mal, un encouragement à l'inconduite qu'elles expriment : c'est une plus complète expansion du principe de la charité qu'elles ont voulu provoquer, cette charité qui sonde les intentions avec un vif désir de pouvoir absoudre.

Au reste, lorsque nous nous occuperons, ainsi que nous l'avons annoncé, de l'étude, dans ses détails, du pacte d'union des deux sexes, au point de vue de l'état actuel de la civilisation, nous serons naturellement amené à présenter sur ce sujet de nouvelles et plus complètes explications.

XXII

**Au point de vue physiologique, l'acte procréateur
ne pouvait s'accomplir que par voie de dualité.**

L'individu étant un être destiné à passer de la vie à
la mort, les grands principes de la permanence des
sociétés et du progrès rendaient nécessaire celui de
la propagation de l'espèce. C'est par le concours de
l'homme et de la femme qu'en fait cette propagation
est assurée.

Ce but aurait-il pu être atteint par d'autres moyens ?
Les hommes d'orgueil, toujours en quête d'imaginer
des systèmes d'organisation supérieurs, pensent-ils,
à ceux de la haute Intelligence qui a présidé à la création des mondes, pourront à cet égard se livrer à
d'interminables investigations. Quelle sera la conclusion de ces folles et vaniteuses recherches? Je
l'ignore ; mais ce que je sais bien, c'est qu'elles auront le mérite négatif d'être complétement inutiles.
Elles pourront sans doute nous apprendre comment
on cherche à organiser des fictions; elles ne nous diront rien des réalités de la vie, de ses lois, de ses inévitables assujettissements.

Nous nous contenterons, comme nous l'avons fait
jusqu'ici, de parler humblement de ce qui est, cherchant à en trouver les raisons jusqu'aux limites les
plus reculées qu'il nous sera permis d'atteindre, et
nous appliquant à découvrir les rapports qui, dans le
domaine des choses telles qu'elles ont été créées,
lient ces choses les unes aux autres.

Cela posé, et au point de vue de la question qui va
nous occuper, nous savons que l'homme est une créature supérieure à tout ce qui existe, dont l'éducation
est plus longue et plus compliquée que celle de tous
les animaux, et cela par le simple fait qu'elle est double. En effet, l'enfant, qui ne sait rien en venant au

monde, doit acquérir les enseignements qui concernent à la fois et la dynamique de son corps et celle de son intelligence ; il faut de plus, pour l'homme comme pour les autres animaux, que, chez le nouveau-né, les besoins de la vie matérielle soient satisfaits. Voilà, certes, bien des conditions à réaliser, bien des charges à supporter, et de prime-abord on conçoit que non-seulement elles auraient pu être au-dessus des forces d'un seul, mais que ce ne sera peut-être pas trop des efforts de deux pour conduire à bon port l'accomplissement d'un pareil programme.

Or nous allons voir combien à cet égard la nature a été prévoyante et sagement dispensatrice, suivant les circonstances.

Au végétal, qui n'a aucun besoin d'éducation, soit physique, soit intellectuelle, qui trouve sur la place même où il germe sa subsistance de tous les jours, aucun aide étranger n'était nécessaire ; aussi ne lui en a-t-il pas été donné : il a suffi que le germe ait été pourvu, du vivant de la plante, de cette surface, de cette enveloppe protectrice, corticale ou boisée, qui lui permet de résister aux actions offensives des agents extérieurs jusqu'au moment de la germination.

Nous ne saurions nous empêcher de faire remarquer à ce sujet que, puisque la graine de la plante n'a besoin d'aucune aide au moment où elle vient à la vie, il n'y aurait rien de surprenant à ce qu'à cette grande simplification du système protecteur en correspondît une autre dans le mode ordinairement suivi pour la procréation des êtres.

Cette prévision se vérifie de tous points, et très-souvent, dans le règne végétal, la coopération des deux sexes disparaît. Beaucoup de plantes, en effet, sont à la fois munies de l'organe mâle et de l'organe femelle : les étamines et le pistil ; et l'on sait que c'est dans ce règne que se trouve la véritable patrie de l'hermaphrodisme.

Cette circonstance se rencontre aussi dans le règne animal, et ce que nous venons de dire nous permet d'affirmer que c'est dans les espèces qui se rapprochent le plus de la plante, c'est-à-dire chez lesquelles la faculté de locomotion n'existe qu'à l'état très-rudimentaire ; que c'est dans ces espèces, dis-je, qu'on doit s'attendre à constater la réunion des deux sexes dans un même individu. Le seul soin de l'être procréateur consiste alors, au moment de la naissance, à déposer sa progéniture sur le lieu naturellement le plus propice à son accroissement, dont il n'a plus à s'occuper et qui se fait de lui-même. La dualité, dans ce cas, eût été une évidente superfétation.

Si nous faisions ici un cours de zoologie, nous aurions à citer un grand nombre de particularités propres à élucider cet intéressant sujet ; mais nous croyons en avoir assez dit pour que, en dehors de quelques cas exceptionnels qui rentrent dans la catégorie des monstruosités, nous puissions poser en principe que la voie de la dualité pour la procréation est d'autant moins nécessaire, et que l'hermaphrodisme doit s'observer d'autant plus dans la nature, que la faculté de locomotion pour la subsistance de l'être engendré exige moins de développement.

N'est-ce pas logique ? Ne sommes-nous pas obligés d'admettre que là où la simple nature fait plus par elle-même pour la conservation de la vie, les coopérations qui n'émanent pas directement d'elle sont de moins en moins nécessaires ? Là est tout le secret de la dualité et de l'hermaphrodisme.

Aussi, à toutes les espèces qui mangent dès leur naissance, qui doivent continuer de se substanter sans interruption et qui ne trouvent pas immédiatement autour d'elles une alimentation naturelle, le Créateur a-t-il donné deux parents qui associent leurs efforts pour venir en aide aux êtres qu'ils engendrent et leur fournir la nourriture de tous les jours.

C'est dans cette dernière catégorie que se trouve l'homme.

Mais, dira l'ergoteur, plus soucieux de critiquer que de s'instruire, s'il faut à l'animal, qui n'a pas d'éducation morale et intellectuelle à recevoir, deux êtres chargés de veiller sur lui, ne semble-t-il pas que non-seulement il n'y a pas excès, mais que peut-être il y aura insuffisance à n'accorder à l'homme naissant qu'un couple pour procéder à son introduction dans la vie ?

L'objection semble spécieuse ; mais rassurons-nous, tout est arrangé dans la nature de manière que le travail de la conservation des êtres soit toujours en rapport avec les charges qui lui sont imposées, et aussi avec de plus ou moins grandes facilités constitutionnelles concédées à la créature pour l'exécution de ce travail. Seriez-vous donc assez aveugles, en procédant à vos recherches, pour vous être bornés à constater que la mission de nourrir, de conserver et d'élever le produit de la conception humaine, est plus pénible, plus assujettissante, que celle qui est confiée à l'animal; et, en regard de ce fait, n'avez-vous pas su voir et comprendre combien, par voie de compensation, les facultés dirigeantes du couple éducateur et conservateur de l'homme sont plus éminentes que celles qui sont dévolues aux autres êtres créés? N'avez-vous pas réfléchi non plus qu'indépendamment de cette raison d'ordre supérieur, si la charge est moins lourde pour l'animal, elle est très-souvent augmentée chez lui par la multiplicité des êtres issus d'une même parturition ; tandis que, chez l'homme, la loi générale est que, dans chaque enfantement, le nombre est réduit à l'unité.

Mais, me dira-t-on encore, il y a d'autres animaux que l'homme qui ne donnent naissance qu'à un seul être. Cela est vrai; mais ici se place une observation que je ne crois pas devoir passer sous silence. On remarquera en effet que, ces animaux étant géné-

ralement herbivores, les charges qui leur incombent,
soit pour élever leur unique produit, soit pour trouver leur nourriture, sont assez peu importantes pour
qu'il ait été possible de leur en imposer d'autres. Or
n'est-ce pas un fait digne d'attention que ce soient
précisément les sujets de cette catégorie que l'homme
est parvenu à domestiquer, dans le but d'augmenter
le contingent de forces nécessaires à ses besoins? Il
semble, en vérité, que le dessein de la nature, en se
montrant plus libérale envers eux, a été de vouloir
que leur allégement pût tourner au profit de l'homme.
Je n'insiste pas davantage sur ces rapprochements,
que des études plus approfondies pourront complé-
ter. Je crois en avoir assez dit pour faire comprendre avec quelle sagesse de vues Dieu a combiné tout
ce qu'il a fait.

Revenant maintenant à ce qu'il y a de principal
dans notre sujet, nous dirons qu'il a été reconnu et
établi dans ce qui précède que le principe de vie, en
passant dans l'organisme de l'homme, doit avoir pour
résultantes les recherches soutenues, l'adaptation nécessaire pour supporter les fatigues du corps et de
l'esprit, pour triompher des charges du travail social,
soit physique, soit intellectuel; en un mot, les énergies des vertus actives; que le même principe, en agissant sur l'organisme de la femme, a dû la rendre propre à la patience, à l'abnégation, au dévouement, sans
lesquels le devoir de mère est impossible à remplir,
c'est-à-dire à toutes les utilités des vertus passives.

Une différence si prononcée dans ces deux résultantes n'est-elle pas de nature à nous faire comprendre que les deux lois essentielles de la vie de ce
monde, c'est-à-dire le travail et la propagation de
l'espèce, rendaient nécessaire l'action coopérative
d'un couple, de deux organismes? Car, si la créature
avait été une, sans distinction de sexe, comment son
organisme aurait-il pu être à la fois actif et passif, et
cela non pas alternativement, mais simultanément,

puisque chaque jour, à tout instant, l'existence de
l'enfant réclame l'aide continue de l'un et de l'autre
de ces états; de sorte que cet organisme n'eût été
autre chose qu'une perpétuelle contradiction, tran-
chons le mot, qu'une impossibilité.

Et voilà pourquoi, dans sa sagesse, Dieu a voulu
que la créature humaine fût une dualité; voilà comment, dans son ineffable bonté, il nous a en même
temps initiés aux ravissements de la Loi d'Amour.

XXIII

Du sexe fort et du sexe faible

On a dit de l'homme qu'il représente le sexe fort;
de la femme, qu'elle représente le sexe faible.

J'ignore quel est le sot égoïste qui a pris sur lui
d'introduire dans le monde une si brutale assertion;
mais ce que je sais, c'est que longtemps avant lui,
dès l'apparition de la créature humaine sur la terre,
notre premier ancêtre, en désertant le Paradis sous
la conduite d'Ève, a donné à cette orgueilleuse formule
le plus complet, le plus significatif démenti. Je crois
pouvoir ajouter que notre égoïste, par cela seul qu'il
était homme, s'il se fût trouvé à la place d'Adam,
n'aurait pas probablement su mieux résister que lui
aux entraînantes obsessions de la femme.

Dans tous les cas, il est des choses qui, si l'orgueil
vous pousse à les penser, ne doivent pas être dites,
par ceux qui veulent s'en faire gloire, à ceux qu'elles
pourraient humilier. Si vous vous croyez plus fort
qu'un autre, allez à lui, relevez son courage, aidez-le,
soutenez-le; cela vaudra toujours mieux que de chercher à l'écraser sous des invectives d'autant plus lâ-
ches, que vous déclarez vous-même être le plus fort.

D'ailleurs, il faudrait s'entendre au préalable sur le
sens qu'on prétend attribuer aux mots: fort et faible.
Certes, et ce que nous avons dit dans le cours de cet

ouvrage le prouve surabondamment, au point de vue purement physique, l'homme, qui a reçu en partage les qualités actives, ne pouvait être que plus fort que la femme. Mais s'ensuit-il qu'il lui soit supérieur? C'est ici qu'il convient de s'arrêter et de réfléchir.

Si, dans ce monde, la supériorité des êtres se mesurait, dans chaque espèce, par le nombre de kilogrammes qu'ils peuvent porter sur leurs épaules, il n'est pas douteux que l'homme serait supérieur à la femme, et que, parmi les hommes, les forts de la halle seraient appelés à devenir nos Excellences. C'est, au reste, ce qui arrive chez les peuples barbares, et ce qui même, dans les nations civilisées, s'est à peu près vu à certaines époques de crise et de confusion.

De cette supériorité, je ne crois pas que la femme se soit jamais montrée fort jalouse ; et, si l'homme semble assez disposé à s'en prévaloir, plus il y attachera d'importance, plus je le tiendrai en mésestime: d'abord, parce que ce n'est pas là donner une sérieuse preuve d'intelligence; en second lieu, parce que parler trop de sa force, indique une certaine tendance à en user et en abuser, ce qui n'est autre chose que de la barbarie.

Remarquez en effet que, en matière d'êtres intelligents, qui dit fort est bien loin de dire supérieur. En s'exprimant ainsi, on ne fait qu'énoncer un seul des éléments de la supériorité, celui, pour le dire en passant, qui est le plus éloigné de la raison ; or il en est une foule d'autres qu'il faut faire entrer en ligne de compte, si l'on veut déterminer le degré définitif qui indique la mesure de la supériorité. Examinons les choses à ce point de vue.

Et d'abord, nous l'avons établi, à l'homme a été dévolue la mission d'être l'agent déterminant de la procréation; à la femme, celle d'être l'agent essentiel de la conservation. Or j'ai beau armer mon œil du plus investigateur, du plus sensible des microscopes, je ne saurais découvrir en quoi un tel état de choses

entraîne la moindre idée de supériorité ou d'infériorité d'un sexe sur l'autre. Je vois une incontestable
utilité dans chacun de ces rôles, je ne peux y trouver
aucun indice de prédominance ; car les soins et les
fatigues de la femme n'ont-ils pas, comme le travail
de l'homme, exactement le même but, c'est-à-dire
la préservation et la conservation de l'existence dans
la famille? N'est-ce pas là le résultat le plus essentiel
d'une coopération qui, sous des formes différentes il
est vrai, mais non moins nécessaires l'une que l'autre, en assurant le maintien de la vie dans la famille,
travaille incessamment à la réalisation de la parole
divine : Croissez et multipliez?

Poursuivons. L'étude de ce qui se passe dans le
monde nous apprend que, dans les unions régulières
ou non, si quelques mères se résignent à délaisser,
à abandonner leurs enfants, c'est presque toujours
l'abandon volontaire du père qui précède, entraîne et
explique la faute de la femme. Je ne veux pas dire
par là que celle-ci n'est pas coupable. Quelle que
puisse être son excuse, elle a manqué au plus saint
de ses devoirs. Mais en quelle estime ne devons-nous
pas tenir celles, en bien plus grand nombre, qui,
malgré la défection du père, désertant la famille pour
aller dépenser ses dernières ressources au cercle, au
cabaret et autres lieux, défection qui, à tous les
points de vue, rend si critique la position de la femme;
en quelle estime, dis-je, ne devons-nous pas tenir ces
mères qui continuent d'aimer, de protéger, d'élever
leurs enfants! Ah! l'homme pourra se vanter, si bon
lui semble, d'être le plus fort, et il ne le prouve que
trop dans cette circonstance en satisfaisant son
égoïsme aux dépens des siens; mais la femme, toujours aimante, toujours charitable, toujours si dé
vouée, sera placée plus haut que lui sur l'échelle
de la supériorité,

Quant à la faute première qui est le point de départ
des unions illégitimes, je ne saurais en vérité m'ex-

pliquer sur quoi repose ce préjugé qui, non-seulement déclare la femme plus coupable que l'homme, mais qui, allant plus loin, voudrait décerner à celui-ci une sorte de triomphe, celui de faiseur de conquêtes, alors qu'il ne mérite qu'opprobre et que mépris. En de tels sujets, où il n'est pas possible qu'il n'y ait pas deux participants, ne serait-il pas souverainement injuste que celui des deux dont la participation est incontestablement la plus volontaire, la plus prémé-ditée, pût être considéré comme le plus excusable ? Il l'est d'autant moins que le plus souvent il n'arrive à son but qu'en faisant des promesses qu'il ne tiendra pas, l'expérience ne le prouve que trop, même alors qu'il s'est créé à lui-même les devoirs de la pater-nité.

De tout ce qui précède, il résulte que si, physique-quement, l'homme est plus fort que la femme, il n'en est plus ainsi, à beaucoup près, lorsqu'on interroge certains sentiments de moralité qui se rapportent à l'attachement des parents pour les enfants. A cet égard, on peut affirmer qu'en général les mères va-lent mieux que les pères.

Mais c'est surtout lorsqu'on cherche à se rendre compte des effets qui intéressent le puissant levier de la volonté, que le sexe faible grandit en puissance et prend une éclatante revanche; c'est alors que l'homme fort devient humble et soumis. La femme, en vertu de sa passivité même, qui lui donne à un haut degré la patience, la persévérance et l'obstination, ces grands préparateurs de la réussite et du succès, la femme acquiert une immense énergie pour s'attacher à tout ce qu'elle ne peut pas réaliser par ses propres et seuls efforts, et pour l'obtenir. Nous savons tous comment l'homme, qu'elle a reçu le pouvoir de fasciner, vient fatalement, en vertu des entraînements de son acti-vité même et de ses nécessités, se livrer à elle, et avec quelle habileté elle se sert de sa prétendue fai-blesse auprès de son tyran nominal, devenu de fait son esclave, pour assurer la réussite de ses projets. Et maintenant, je le demande, quel est le plus faible des deux ?

Il est vrai que le charme peut cesser, et que, les séductions s'envolant avec lui, la scène change. L'homme se souvient en ce moment qu'il possède le privilége de la force, et il le prouve trop souvent et lâchement par la brutalité de ses actes ; il domine alors. Mais cette manière d'être vainqueur, qui peut être décisive en fait, qu'atteste-t-elle ? La supériorité des muscles, et pas autre chose, à moins qu'on n'y veuille voir l'infériorité de l'intelligence et surtout celle de la moralité.

Quoi qu'il en soit, dans l'existence de tout individu, il survient toujours un moment psychologique, et quelquefois plusieurs, où il se trouve une femme susceptible, si elle le veut, de faire perdre à un Adam quelconque sa part de Paradis. Pour qu'il en fût autrement, il faudrait que l'homme pût ne pas aimer, ce qui serait en opposition formelle avec les actes que la nature lui a donné mission d'accomplir.

Au reste, quoi qu'on fasse, quoi qu'on prétende, la vérité finit par percer ; car si, d'après vos théories, Messieurs, les femmes doivent vous être soumises, si vous êtes les maîtres, expliquez-moi pourquoi, dans la pratique et dans tant et tant d'unions que vous contractez avec elles, vous dites vous-mêmes qu'elles sont vos maîtresses ? Et, certes, vous prouvez par vos actes, que, en fait, elles le sont autant qu'il est possible de l'être ? Pauvres moutons, pouvons-nous répéter avec le chansonnier, tant qu'il restera un brin de laine sur votre dos, toujours il y aura des ciseaux qui s'ouvriront pour le tondre, et vous n'y ferez pas opposition. En devenant amoureux, le lion perd ses griffes.

Tâchons de bien comprendre ce qu'il y a de caractéristique dans certains faits de l'histoire. N'oublions pas qu'indépendamment du triomphe primitif d'Eve sur Adam, le redoutable Samson fut tenu en captivité par Dalila ; que les filles réprouvées de Chanaan eurent assez de force pour contraindre le saint, le sage Salomon, à adorer les faux dieux ; que de tout temps l'histoire nous montre la femme, soit dans la demi-obscurité du boudoir, soit au grand jour, présider au sort des nations. Et cela ne vient-il pas de se produire sous nos yeux ? Car, de cette crise qui, il y a dix ans, a mis en si grand péril les destinées de la France, une impératrice n'a-t-elle pas dit : « Il me la faut, c'est ma guerre. »

Voilà comment, Messieurs, vous n'avez pas été les plus forts dans les temps anciens, comment vous continuez à ne pas l'être dans les temps modernes.

Mais qu'on ne s'y méprenne pas. En disant que l'homme, en dépit de ses affirmations, n'est pas toujours le plus fort, je ne veux pas prétendre par là que c'est la femme qui doit l'être. Dans une civilisation encore imparfaite, un état de suprématie, quel qu'il soit, ne saurait être basé sur la pure vertu ; il s'appuie toujours sur quelques vices et ne peut que développer les tendances et l'exercice de ceux-ci. Je ne veux pas plus de la supériorité de la force, dont l'homme aime si fort à se vanter, que de celle de l'astuce, que la femme se montre parfois trop habile à exploiter. Dans un cas comme dans l'autre, il y a perversion et péril ; à nous d'aviser.

En créant la dualité humaine, Dieu n'a pu avoir la pensée d'établir de privilége. Si les devoirs des deux membres du couple sont différents dans la forme, nous croyons avoir démontré qu'ils ont exactement la même valeur quant au but providentiel pour la réalisation duquel ils coopèrent. Dès lors, Dieu, qui est juste, n'a pu vouloir qu'une chose : l'égalité pour chacun.

Non cette égalité qui voudrait faire passer toutes les têtes, tous les cœurs, toutes les intelligences sous le même niveau, et qui, si elle pouvait y parvenir, ne ferait qu'anéantir le génie et le progrès ;

non cette égalité qui, ne reconnaissant aucune distinction entre le bien et le mal, voudrait attribuer à chacun, sans aucun égard pour la nature de ses actes, et les mêmes avantages matériels et la même considération morale ; mais cette égalité de droits, cette égalité de protection, de justice et de respect sociaux, que doit assurer indistinctement à chaque être le consciencieux accomplissement de ses devoirs, quelles que soient, d'ailleurs, dans leur forme, dans leur essence, dans leur multiplicité, les obligations que la loi naturelle lui a imposées en l'appelant à la vie de ce monde.

Or, soyons-en convaincus, c'est ce qui se réalisera à mesure que le progrès viendra successivement effacer les errements de la barbarie ; de cet état social qui, par l'abus de la force, provoque les représailles de l'astuce, qui maintient ainsi sur cette terre le fatal principe de l'exploitation de l'homme par l'homme, et oppose de trop funestes retards à l'avénement d'une sage liberté pour tous.

XXIV

Résumé

Récapitulons, en quelques mots, les diverses questions de principe passées en revue dans cet écrit.

La propagation de l'espèce faisant partie de la loi naturelle, la créature doit avoir reçu en elle tout ce qui est nécessaire à son accomplissement.

Nous savons que cette propagation s'effectue par la coopération de l'homme et de la femme ; et nous avons reconnu tout ce qu'il y a de rationnel, de nécessaire, dans le fait de cette dualité.

Chaque créature a donc reçu des organes aptes à la propagation ; mais, parce que ces organes sont différents dans les deux sexes, nous sommes raisonnablement amenés à conclure que la mission dévolue à chacun de ces sexes ne saurait être identique ; les faits sont en complet accord avec cette prévision.

Cela posé, pour que la propagation de l'espèce soit assurée, il faut que deux actes s'accomplissent: d'abord, celui de la procréation ; en second lieu, celui de la conservation des êtres créés.

En ce qui concerne l'acte de la procréation, il existe, savoir: chez l'homme, un organe susceptible d'émettre le fluide reproducteur ; chez la femme, un organe, qui reçoit ce fluide, destiné à la rendre féconde.

En ce qui concerne les actes de la conservation, ceux-ci sont exclusivement confiés à la femme, aussi bien pendant la grossesse qu'après l'accouchement, puisque c'est elle seule qui, d'une part, alimente de son sang le produit de la conception ; qui, d'autre part, possède le lait nourricier sans lequel l'être créé succomberait très-peu de temps après sa naissance.

Tel est, dans l'ordre physique, l'ensemble des mesures prises par le Créateur en vue de la propagation de l'espèce.

Mais cela ne suffit pas ; car, dans toute créature humaine, il y a aussi la volonté et le libre arbitre, en vertu desquels elle aurait pu se refuser à l'accomplissement de la loi,

Il a donc fallu, de toute nécessité, que Dieu ait pourvu chaque sexe d'une indomptable passion, en rapport, d'ailleurs, avec son organisme spécial et avec sa mission, plus forte que sa volonté, et qui le mît dans l'impossibilité de se soustraire aux fonctions qui lui sont dévolues en vue de la propagation.

Or, en ce qui concerne l'acte de la procréation, dans lequel le rôle de la femme peut n'être que passif, tandis que celui de l'homme est toujours nécessairement et indispensablement actif, Dieu a dû donner à l'homme l'irrésistible besoin de s'unir à la femme.

En ce qui concerne les actes de la conservation, Dieu, qui les a organiquement confiés à la femme, a,

en même temps, inspirer à celle-ci une ineffable ten-
dresse pour l'être qu'elle a porté dans son sein.

De sorte que, en deux mots, l'accord entre l'ordre
passionnel et l'ordre physique, entre les sentiments
du cœur et les organes du corps, se trouve admirablement résolu,

Savoir :

Par l'amour de l'homme pour la femme, qui assure
la procréation ;

Par l'amour de la mère pour l'enfant, qui assure
la conservation.

C'est simple et sublime comme tout ce qui vient de
Dieu.

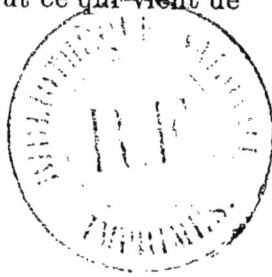

TABLE DES MATIÈRES

AVANT-PROPOS ET PROGRAMME D'ÉTUDES **1**

I. — Chaque science a pour objet l'étude des rapports existants entre toutes les choses qui ressortissent à cette
science. Spécialités propres aux sciences mathématiques,
physico-chimiques et naturelles. **15**

II. — Essence très-supérieure des rapports qui lient les
sciences les unes aux autres. Rappel sommaire d'études
antérieures sur les relations constatées entre les perceptions, les tendances, les aptitudes, la pensée, d'une part,
et l'organisme humain, d'autre part. **18**

III. — Recherches spéciales sur les équilibres qui, au
point de vue de la procréation, doivent exister entre les
organismes individuels du couple propagateur et le système passionnel de chaque coopérant. Indication de la
méthode que nous nous proposons de suivre. **22**

IV. — Loi naturelle de la propagation de l'espèce. . . . **24**

V. — Conséquences physiques de l'acte de la procréation
pour chacun des deux membres du couple. Ces conséquences sont à peu près nulles pour l'homme ; elles
créent une perturbation profonde dans l'organisme de la
femme. **26**

VI. — Premières remarques sur ce fait social et universel
que la femme seule se prostitue. Ce fait est un indice certain que les appétits sensuels sont beaucoup moins puissants chez la femme que chez l'homme. **29**

VII. — De la constitution organique de l'homme il résulte
que, pour lui, la volonté, le désir de posséder la femme,
est indispensable pour que l'acte procréateur s'accomplisse ; le consentement de la femme n'est nullement nécessaire pour que la conception ait lieu. **32**

VIII. — De l'état de barbarie et de la situation qu'il impose à la femme en particulier et à l'humanité en général. On montre incidemment que le grand nombre, éclairé par l'intelligence, doit finir par avoir raison de la tyrannie de quelques-uns................................... **36**

IX. — La civilisation a pour premier effet apparent de substituer, pour la femme, le consentement volontaire à la contrainte.. **40**

X. — La tendance de la femme au consentement volontaire ne paraît pas pouvoir être attribuée à une augmentation des appétits des sens développés chez elle par la civilisation. Tout, au contraire, porte à croire que, loin d'augmenter avec le progrès, l'essor des passions sexuelles tend à diminuer, tant chez l'homme que chez la femme .. **41**

XI. — Recherches entreprises dans les récits bibliques pour s'éclairer sur le degré d'importance qu'a acquis, chez les anciens peuples, le développement des idées sur la propagation de l'espèce............................. **47**

XII. — Le développement historique des faits qui, au point de vue de la propagation de l'espèce, concernent l'humanité primitive, se montre en parfait accord avec les exigences de la raison........................... **59**

XIII. — C'est par le désir du bien-être, naturel à toutes les créatures, désir que l'organisme et la mission de la femme ne lui permettent pas de réaliser par elle-même, que se détermine le consentement volontaire de la femme de s'unir à l'homme................................ **64**

XIV. — Puissance de la civilisation pour développer de plus en plus chez la femme le désir de la possession du bien-être et pour augmenter en elle la tendance au consentement volontaire **71**

XV. — Nous ne prétendons pas qu'il n'existe pas d'appétits charnels chez la femme; exceptions signalées par l'histoire; mais ces appétits sont, chez elle, moins généraux et moins énergiques que chez l'homme.............. **75**

XVI.— Justification des assertions précédentes, au point de vue de la spécialité des organismes de chacun des membres du couple procréateur....................... **80**

XVII. — Il ne suffit pas, pour que la propagation de l'espèce soit assurée, qu'il y ait procréation : il faut encore qu'il y ait conservation de l'être créé. Généralité du principe de conservation dans toute la nature vivante... **82**

XVIII. — Importance de la conservation et de la protection dans l'espèce humaine. C'est à la mère que la mission protectrice du premier âge a été dévolue **86**

XIX. — Les exigences multiples de l'éducation première de l'enfant sont en opposition avec un grand développement des appétits sensuels dans l'organisme féminin. Chez la mère, le sentiment de l'amour du nouveau-né domine et subjugue toutes les autres passions. **88**

XX. — Les soins à donner aux enfants ne cessent pas avec le premier âge; ils se poursuivent jusqu'au temps de la puberté et du mariage ; et, comme ils incombent principalement à la mère, leurs exigences sont exclusives de l'idée que la femme puisse être en même temps dominée par l'effervescence des appétits sensuels **91**

XXI. — Atteintes profondes qui seraient portées au principe et à la constitution de la famille par un développement exagéré des appétits sensuels chez la femme....... **93**

XXII. — Au point de vue physiologique, l'acte procréateur ne pouvait s'accomplir que par voie de dualité.... **98**

XXIII. — Du sexe fort et du sexe faible.....n..... **103**

XXIV. — Résumé........................·..... **109**

Imprimerie Centrale du Midi· — HAMELIN frères.

MONTPELLIER, IMPRIMERIE CENTRALE DU MIDI

Hamelin Frères

www.ingramcontent.com/pod-product-compliance
Lightning Source LLC
Chambersburg PA
CBHW052039270326
41931CB00012B/2562